新2版

現代の教育を考える

中谷 彪
浪本勝年
編著

北樹出版

〈執筆者一覧〉　　　　　　　　　　　　　　　　　　　　　　　（執筆順）

中谷　　彪	（元大阪教育大学長）	編者、1・8章、13章⑬・⑰・㉗
浪本　勝年	（立正大学心理学部教授）	編者、2・10章、13章⑩・⑫・⑱・㉘
中田　康彦	（一橋大学大学院社会学研究科准教授）	3章
伊藤　良高	（熊本学園大学社会福祉学部教授）	4章、13章㉓
小林　靖子	（甲南大学非常勤講師）	5章、13章㉙・㉜
原　　清治	（佛教大学教育学部教授）	6章
山口　拓史	（名古屋大学教育学部助教）	7章、13章⑥
藤本　典裕	（東洋大学文学部教授）	9章、13章⑤
相原総一郎	（大阪薫英女子短期大学准教授）	11章
中谷　　愛	（元法政大学非常勤講師）	12章、13章⑭
冨田　福代	（関西国際大学人間科学部教授）	13章①・⑳・㉑
野口　祐子	（武庫川女子大学非常勤講師）	13章②・㉔
松田　育巳	（元神戸国際大学非常勤講師）	13章③
肥後　規子	（柏原市立国分中学校教諭）	13章④
深見　　匡	（高崎健康福祉大学健康福祉学部講師）	13章⑦・㉖
柿内　真紀	（鳥取大学生涯教育総合センター准教授）	13章⑪・㉕
鈴木　昌代	（富山県立富山西高等学校教諭）	13章⑧・⑨
矢野　博之	（大妻女子大学家政学部講師）	13章⑮・㉚
大津　尚志	（武庫川女子大学文学部講師）	13章⑯・⑲
和田　　茂	（堺市立金岡南中学校教諭）	13章㉒
冨江　英俊	（日本女子体育大学体育学部講師）	13章㉛
塩野谷　斉	（日本福祉大学子ども発達学部准教授）	13章㉝

（2008年4月1日現在）

は　し　が　き．

　現代日本の教育をめぐる動向は、実にめまぐるしい。そのいくつかをあげてみよう。

　21世紀に入るとともに、日本の中央省庁の再編にともなって、文部省という名称も文部科学省へと変更された。しかし、機能に変化があったとは思えない。その文部科学省が、教育基本法の「改正」を中央教育審議会に諮問し、近々、その答申が提出される予定である。中間報告（2002.11.14）は、拙速かつ低次元の「改悪」を主張する内容であったので、答申も国民の期待を裏切るものになることは必至である。

　2002年4月から小・中学校に「ゆとり」の中で「生きる力」をはぐくむことをキャッチフレーズにした新しい学習指導要領も全面施行された。文部科学省の説明によれば、「個性尊重という基本に立って、一人ひとりの能力・適性に応じた教育」を展開するという。しかし、学校現場では、「ゆとりがなくなった」と批判的意見が大勢である。むしろ、低学力につながる心配の声が強い。

　確かに、教育の健全で円滑な運営は容易でないことは歴史の示すところであるが、国民（子ども）の「教育を受ける権利」（学習権）を保障する教育のあり方を追求し、その実現を図っていくことは、私たちの崇高な責務である。本書はそうした大きな課題に十分に応えているとはいえないかもしれないが、私たちの問題意識はそこにある。

　さて、本書の編集と執筆の方針について、いくつか、説明をしておこう。

① 　本書は、主要には大学や短期大学、それに各種の専修学校等における「教育学」及び教育関連科目の受講生を対象として書かれたものである。もちろん、一般書としても通用するものであるが、主として学生諸君への講義のテキストとして書かれたものである。

② 　本書は、現代日本が当面している教育問題、とりわけ学校教育が直面している問題に焦点を当てて考察した。とは言え、取り上げた問題領域は、

教育の基本問題のほか、学校教育、生涯学習、社会教育、国際理解教育、障害児教育と、ほぼ全分野にわたってカバーするように心がけたつもりである。事項解説を加えたのは、ホットな時事問題に対する関心を喚起するためである。

③　執筆に当たって、内容においては現代教育の動向を踏まえながら、問題の核心を押さえるとともに、執筆においては、できるだけわかりやすく、かつ簡潔に記述することに留意した。

④　一般読者やテキストとしての読者の自由な思考や創意工夫の余地を大きく残している点に特色がある。経験上、テキストを複数の者で執筆した場合には、全体の統一を保つことが難しいものである。本書では、この困難さを克服しようと考えた。

各章は比較的簡潔な記述にとどめているが、その分、読者による自由な思考、さらなる研究の余地が大きいということである。「テキストを教えるのではなく、テキストで教える」のが教育の正道であることを思い起こすならば、かえってテキストとして活用しやすいのではなかろうか。

本書は、われわれのささやかな共同著作物であるが、広く読まれることを願っている。賢明な読者諸氏から建設的なご意見ご教示をいただきながら、さらなる改善の努力を重ねていきたい。

最後になったが、本書の出版と編集に当たって、格別のご配慮をいただいた北樹出版の登坂治彦社長と、編集でお世話願った古屋幾子氏にお礼を申し上げたい。

　　　2003年2月25日　　　　　　　　　　　　　　　　　編　者

改訂にあたって

この度の改訂にあたって、統計や資料をできるだけ最新のものに差し替えたり、教育界の動向に対応して若干の加除修正を行った。

　　　2006年2月1日　　　　　　　　　　　　　　　　　編　者

目　　次

1章　子どもの教育を考える
　　1　歴史における「子どもの発見」……………………………………10
　　2　子どもには教育が必要 ………………………………………………11
　　3　子どもの教育についてのいくつかの視点 …………………………12
　　　　⑴　子どもは無限の可能性を持っている（12）
　　　　⑵　遺伝よりも環境と教育の整備充実が大切（13）
　　　　⑶　子どもには豊かで多様な体験を（14）
　　　　⑷　子どもの教育は親・教師自身の自己学習の過程（15）

2章　学校を考える
　　1　戦前日本の小学校──小学校を中心とする概観………………17
　　2　第二次大戦後の日本の学校──「生徒の幸福を学校第一の責務とする」……18
　　3　今日における学校の課題 ……………………………………………20

3章　学級を考える
　　1　学級とは何か …………………………………………………………23
　　2　学級の成立と変遷 ……………………………………………………23
　　3　学級編成の基本原理 …………………………………………………24
　　4　学級規模の問題 ………………………………………………………25
　　　　⑴　学級規模と学習効果（25）
　　　　⑵　学級規模と教職員定数（26）
　　5　学級をめぐる問題と課題 ……………………………………………27
　　　　⑴　学級王国や学級崩壊をどうのりこえるか（27）
　　　　⑵　教育条件整備問題としての学級（27）

4章　校則を考える
　　1　現代の学校教育と校則問題 …………………………………………29
　　2　校則の意味と子どもの人権 …………………………………………30
　　3　校則をめぐる裁判とその問題点 ……………………………………32

　　　　4　子どもの自治・参加と校則 ……………………………………………33
5章　体罰を考える
　　1　体罰の現状 ………………………………………………………………36
　　2　体罰禁止の風土 …………………………………………………………36
　　3　体罰容認の土壌 …………………………………………………………37
　　4　体罰と懲戒 ………………………………………………………………38
　　5　子どもの権利保障と体罰の否定 ………………………………………39
6章　いじめを考える
　　1　「いじめ」問題の捉えかた ……………………………………………41
　　2　いじめを見えにくくするもの …………………………………………42
　　3　いじめの病理性 …………………………………………………………44
　　4　いじめの「社会問題化」が意味するもの ……………………………45
　　5　いじめを誘発しやすい特性 ……………………………………………45
　　6　いじめ問題の解消に向けて ……………………………………………46
7章　教科書を考える
　　1　教科書とは ………………………………………………………………48
　　2　教科書制度 ………………………………………………………………48
　　　　(1)　編集制度（48）
　　　　(2)　採択制度（50）
　　　　(3)　発行制度（50）
　　3　教科書をめぐる諸問題 …………………………………………………51
　　　　(1)　家永教科書裁判―3つの訴訟―（51）
　　　　(2)　その他の問題（52）
　　4　教科書の未来 ……………………………………………………………53
8章　教職員を考える
　　1　教職員の種類 ……………………………………………………………54
　　2　教職員の配置基準と定数 ………………………………………………54
　　3　教職員の服務と職務 ……………………………………………………56
　　4　教職員の身分保障 ………………………………………………………57

5　教員研修の性格と型態 ……………………………………………58

9章　教育委員会を考える
　　　1　教育委員会の誕生——戦後教育行政改革と教育委員会—— ……………60
　　　2　教育委員会の歴史 …………………………………………………61
　　　　(1)　教育委員会制度の改変—公選制から任命制へ—（61）
　　　　(2)　東京・中野区の準公選制（62）
　　　3　教育委員会の新しい仕組み——1999年の改革とその意味—— ……63
　　　　(1)　1999年法改正までの地教行法下における教育委員会（63）
　　　　(2)　地方分権化への動き（64）
　　　　(3)　地教行法改正と教育委員会制度（64）

10章　文部科学省を考える
　　　1　戦前における文部省の役割 ……………………………………66
　　　2　第二次世界大戦後における文部省 ……………………………67
　　　3　文部科学省の組織 ………………………………………………70

11章　生涯教育を考える
　　　1　生涯教育とは ……………………………………………………72
　　　　(1)　生涯教育の考え方（72）
　　　　(2)　生涯教育の提起（72）
　　　2　生涯教育の必要性 ………………………………………………73
　　　3　学習社会の特徴 …………………………………………………74
　　　4　生涯学習社会の構築 ……………………………………………75
　　　　(1)　生涯学習社会への移行—日本の場合—（75）
　　　　(2)　生涯学習社会の課題（76）

12章　異文化教育を考える
　　　1　異文化教育の歴史と変遷 ………………………………………78
　　　2　学校における異文化教育実施の諸課題 ………………………79
　　　　(1)　新しい学習指導要領（79）
　　　　(2)　教員の国際交流（80）
　　　　(3)　教室の国際化（81）
　　　3　これからの異文化教育 …………………………………………83

13章　教育の時事問題を考える

① 生きる力 …………………………………………………………… 85
② LD ………………………………………………………………… 85
③ 海外・帰国子女の教育 …………………………………………… 86
④ 学級崩壊 …………………………………………………………… 87
⑤ 学校事故 …………………………………………………………… 88
⑥ 学校週5日制 ……………………………………………………… 88
⑦ 学校選択制 ………………………………………………………… 89
⑧ 家庭科の男女共修 ………………………………………………… 90
⑨ 環境教育 …………………………………………………………… 90
⑩ 教育委員の準公選 ………………………………………………… 91
⑪ 教育改革国民会議 ………………………………………………… 92
⑫ 教育裁判 …………………………………………………………… 93
⑬ 教育情報の開示 …………………………………………………… 94
⑭ 教育評価 …………………………………………………………… 95
⑮ 教員研修 …………………………………………………………… 96
⑯ 教員免許制度 ……………………………………………………… 97
⑰ 国旗・国歌の取り扱い …………………………………………… 98
⑱ 子どもの権利条約 ………………………………………………… 99
⑲ 指導助言 ………………………………………………………… 100
⑳ 習熟度別学級編成 ……………………………………………… 101
㉑ 障害児教育 ……………………………………………………… 101
㉒ 情報教育 ………………………………………………………… 102
㉓ 職員会議 ………………………………………………………… 103
㉔ スクールカウンセラー ………………………………………… 104
㉕ 総合的な学習の時間 …………………………………………… 104
㉖ 中央教育審議会 ………………………………………………… 105
㉗ 中高一貫教育 …………………………………………………… 106
㉘ 「つくる会」教科書 …………………………………………… 107
㉙ 道徳教育・『心のノート』 …………………………………… 108
㉚ 発展的学習 ……………………………………………………… 109
㉛ 不登校 …………………………………………………………… 110
㉜ ユネスコ ………………………………………………………… 110
㉝ 幼保一元化 ……………………………………………………… 111

　　索　　引 ……………………………………………………… 113

現代の教育を考える

1章 子どもの教育を考える

　ジョン・デューイは『民主主義と教育』(1916年) の中で、「人は教育によってのみ人となる」といい、カントはその「教育学」(1803年) の冒頭で「人間は教育によってのみ人間となることができる」と述べている。彼らは、教育が、人間とりわけ子どもにとって、一人前の人間になっていくために必須のものであると宣言しているのである。

　幸いにも今日では、この世に誕生した子どもは一人前の人間に育ち育てられる権利があること、この権利の中に教育（学習）への権利が含まれていること、教育（学習）があってはじめて健全で人間的な成長と発達とが実現されること等が承認されるに至っている。

　本章では、子どもにとって教育（学習）はいかなる意味を持っているのか、また教育（学習）に関わる親と教師の留意点について、その原点に遡って考察していくことにする。

1　歴史における「子どもの発見」

　長い間、子どもは「おとなの小型」または「おとなを縮小した存在」として捉えられてきた。やがてルネッサンス期に、子どもは「おとな」とは違った存在であると考えられるようになった。例えばエラスムスのように、子どもはおとなとは違った存在であると主張した人も出てきた。しかし、子どもは「おとな」とは違った子どもという存在であるということを明確に指摘した人物は、ジャン・ジャック・ルソーである。彼は『エミール』の中で、次のように言っている。

　「われわれは子どもというものを少しも理解していない。最も賢明な人たちでも、

おとなが学ぶべきことばかり考えていて、子どもというものがどんなことを学ぶことのできる状態にあるかということを考えない。かれらは、常に子どものうちにおとなを求めていて、おとなになる前に子どもがどんなものであるかを考えない。」[1]

ルソーは、当時の人々が、子どもがどんな存在であるかを考えないで、おとなの考えを一方的に押しつけている教育を批判し、子どもを子どもとして考え、扱い、教育することが大切であると主張したのである。子どもは小さい「おとな」ではなく、「おとな」とは違った「子ども」という存在であるというルソーの指摘は、教育史上「子どもの発見」といわれている。

2　子どもには教育が必要

子どもは「生理的早産」として生まれてくると指摘したのは、スイスの動物学者ポルトマンであった。彼はいろいろな動物の赤ん坊を調べて、次のようにいっている。

「人間は生後1歳になって、真の哺乳類が生まれた時に実現している発育状態に、やっとたどりつく。そうだとすると、この人間がほかの哺乳類なみに発達するには、われわれ人間の妊娠期間が現在よりもおよそ1ヵ年のばされて、約21ヶ月になるはずだろう。」[2]

ポルトマンは、人間ほど未熟な脳を持って生まれてくる動物はいない、人間は「生理的早産」として生まれる、といっているのである。この生まれてくる赤ん坊の脳がきわめて未熟であるということ、また人間が生理的早産であるという事実は、子どもが生まれてからの大きな成長と発達の可能性を秘めているということ、成長と発達を実現するためには教育（学習）が必要であるということを教えてくれている。

このように子どもの成長と発達をコントロールして、健全な人間に育てていく働きかけが、教育である。この点で文化人類学者原ひろ子氏が、次のように言っているのは非常に教訓的である。

「人間の子どもというのは、おそろしく幅広い能力と可能性をもっているものだ……。人間が子どもを育てるということは、赤ん坊のもって生まれた可能性を、特定の方

向にのばしてやることであると同時に、ある種の可能性を抑えてしまうことであるようです。」⁽³⁾

このように、教育（子育て）という営みは、望ましい人間像に向かって子どもの可能性を方向づけていくことである。

3 子どもの教育についてのいくつかの視点

子どもは、ある特定の文化のなかに生まれ、その社会の文化を習得して、生きていく。このように、子どもが生まれた社会の文化を習得していくと同時に、その社会を改善し改革していくためにも、教育が必要となる。人間の社会において、教育という営みが永々と行われてきたのは、この所以である。

教育の場所や形態は時代と社会によって異なったり変化してきているが、今日では、主要には、家庭、学校、社会教育機関等において行われている。そこで以下では、現代における家庭と学校の教育に焦点をあて、子どもの教育に従事している親と教師の留意すべき基礎的で基本的な視点について述べていくことにする。

(1) 子どもは無限の可能性を持っている

第1は、子どもは大きな可能性を持っているということを認識することである。フランス革命期の政治家で教育思想家であったコンドルセは、子どもの可能性について次のように述べている。

「人間は完全なものとなる可能性—その限界はまだ知られておらず、たとえその限界が存在するとしても、それはなおわれわれが考えることのできないほど遥か彼方にある—を自然から授かってきているのであるから、……一体どのような権力が、人間に、諸君が知らねばならないのはこれである、諸君が停止すべき限界はここだ、と言う権利を保有することができるであろうか。」⁽⁴⁾

人間が無限の可能性をもって生まれてきているというのは、少々オーバーな言い方であるとしても、人間の能力の限界はここであると言うことはできない。この意味で、人間の能力は有限ではあるが、限界を設定し得ない意味で、一応、

無限の可能性をもって生まれてきているということが許されるのではなかろうか。この無限の可能性については、大脳生理学や脳科学の研究成果で証明されているところである。この無限の可能性を最大限に調和的に伸ばしていくことが、子どもの権利であり、その権利を実現していくのが、親、教師、国家・社会の責任である。ホーレス・マンは「生を享けるすべての人間が、教育をうける絶対的権利をもっている」といい、コンドルセは「公教育は国民に対する社会の義務である」といった。私は、この子どもの教育への権利を、基本的人権としての学習権、または憲法13条で規定する幸福追求権の中核的権利として強調するものである。

(2) 遺伝よりも環境と教育の整備充実が大切

　第2は、よりよい環境を準備し、子ども本人の自発的努力（活動）を励ますことである。

　人間の能力を規定する要素として、一般に、遺伝（素質）、環境（教育・文化を含む）それに本人の自発的努力（＝やる気）の3つが挙げられている。

　遺伝決定論の考え方は、「瓜のつるになすびはならぬ」という諺に代表されるように、人間の能力の発達のあり方を決定的に左右するのは遺伝的要素であるという立場である。

　これに対して環境決定論の考え方は、「氏より育ち」という諺のように、人間の能力の発達のあり方は環境次第であると主張する立場である。

　これらの説に対してシュテルンなどは、遺伝的要素と環境的要素の両方が人間の能力の発達を決定するという輻輳説を主張してきた。

　しかし今日では、活動決定論なる見解が主張されてきている。この所説は、遺伝的要素と環境的要素にいかに恵まれていたとしても、「子ども自身がどれくらい生き生きと生活し、遊び、学んでいるかが、子どもの発達のありようを最終的に決定する」と主張するものである。

　私は、現代の科学をもってしても、せいぜい子どもの発達には遺伝的要素と環境的な要素と子ども自身の自発的努力の3つが重要な役割を果たすと言える

に過ぎないこと、まして、これらの3つの要素のうちのどれ1つをもって決定論と主張することはできないのではないかと考えている。もっとも、遺伝的要素は個々の人間の潜在的な可能性として内在しており、そうした遺伝的要素をもった子どもが環境と接触し、さらに自発的努力（活動）を通して能力や学力や人格を伸長させていく過程を考えるとき、教育（子育て）に関わっている親や教師（や教育関係者や政治家等）の任務は、よりよい環境を準備し、子ども本人の自発的努力（活動）を励ますことが大切であり、正しい姿勢である。

(3) 子どもには豊かで多様な体験を

　第3は、子どもたちに、その成長と発達の時期に適したいろいろな体験や経験をさせることである。

　子どもには、成長と発達に適った遊びや運動やスポーツ、趣味、習いごと、学習など、できるだけ豊かな体験をさせてあげることである。ただし、子ども自身の自主性や自発性を大切にし、押しつけや強制は慎まなければならない。子どもが失敗や挫折をしても、恐れないことである。人間は生きている限り、失敗したり挫折したりするものである。人間の偉さは、その失敗や挫折を通して、学び、そして、賢くなっていくところにある。まして子どもは、失敗や挫折を貴重な糧として、大きく成長していくものである。

　教師や親としては、子どもの行動を気をつけながら温かく見守ってやることがたいせつである。子どもがうまく成功すれば、誉めてあげればよいし、失敗したならば、励まし元気づけてあげればよい。

　豊かで多様な体験や経験を望ましいということは、その教育（子育て）の方法も、また多様であるということを意味する。人さまざま、個性さまざま、子どもさまざまであり、教育の方法も多様である。この点で原ひろ子氏が、子育てについて次のように書いているのは、共鳴できることである。

　「いろいろな社会の子育てについて見たり聞いたりしていますと、子どもの育ち方は社会によって多種多様であり、また一つの社会の中でも百人百様であるということがわかってきます。そのおかげで、自分の子どもがちょっと変わっていたり、あ

る面での発達が少し遅れていたりしても、あせらずに眺める気持ちにさせられているようです。……私自身の子育ては、私にとって一番無理なく楽しいやり方でいくしかありません。……ありのままの姿で子どもと付き合って、怒り、笑い、嘆き、恨み、感謝し、人生をより豊かにさせてもらうのが子育てなのでしょうか。」⁽⁶⁾

原氏はほぼ同じ箇所で、「我が子を育てるのも同じで、虚心に育てるしかないと思います」と言っているが、まったく同感である。

もっとも、教育（子育て）の知恵や識見を人生の先輩（例えば祖父母、父母、老人、先輩教師等）から聞いたり教えて貰うことは有益であり、かつ必要なことである。人類が蓄積してきた教育や子育ての叡知を吸収し、それを活用すべく努力することと、虚心になることとは、何ら矛盾しない。

(4) 子どもの教育は親・教師自身の自己学習の過程

第4は、子どもを教育したり、子育てに従事することは、親・教師にとっては、自分自身の学習過程であるということである。

諺に「子は親の背中を見て育つ」という。子どもは、知らず知らずのうちに、教師や親の生活や生き方から、子どもなりに学んでいる。親子の行動や考え方や仕草がどことなく似ているのも、子どもが親の背中を見て育っているからである。ここでも原氏が、次のように書いているのに賛同せずにはおれない。

「大人は子どもが自ら育ってゆく力を信じて手を貸してあげられるだけなのではないかと思われます。どんな子どもでも、その子ども一人にしか備わっていない面白さや悩みや才能があって、それらの特性が子どもの人生のどの時機にどのような形で本人によって体験されるかは、親ですら、担任の先生ですらはかり知ることのできないもののようです。……一人ひとりの大人としては、子どもたちに、『自分はこうやって生きているんだ』ということを見てもらう以外ないのかも知れません。」⁽⁷⁾

教師や親がとるひとつの教育方法は、自らの生きざまをそれとなく子どもに示すことである。もっとも、教師や親は子どもに対して過度に遠慮する必要はなく、教育の専門家や親として、あるいは社会と人生の先輩として、正当な要求や期待を毅然と示す必要がある。「要求の強さは期待の現れ」であるからで

ある。そのためには、まず教師や親自身が、向上心に満ちた生活、生き甲斐のある生活を実践していることが求められよう。

　この事象は、子どもの教育に従事する親と教師にとっては自分自身の学習（教育）の過程でもあるということである。教育（子育て）には、真の愛情が不可欠である。この愛情は子どもとの心からの接触（触れ合い）から湧き出てくる。しかも不思議なことに、この愛情については、老若男女、学歴、貧富、健康・不健康、美醜を問わない。すべての人々の前に平等に開かれている。ここに愛の心の不思議さと平等性とがある。かく考えてくると、教育は教師や親にとっては愛の心を育む営みであり、自己成長と自己完成への過程でもある。それは「教育を通して、教育する者自身が教育されている」ということである。

（中谷　彪）

注

（1）　ルソー、今野一雄訳『エミール　上』岩波文庫、1962年、18頁。
（2）　アドルフ・ポルトマン、高木正孝訳『人間はどこまで動物か』岩波新書、1961年、61頁。
（3）　原ひろ子『子どもの文化人類学』晶文社、1979年、16頁。
（4）　コンドルセ、松島鈞訳『公教育の原理』明治図書、1962年、75−6頁。
（5）　田中孝彦『子育ての思想』新日本新書、1983年、133頁。
（6）　原ひろ子、前掲書、205頁。
（7）　同前、204頁。

参考文献

勝田守一『教育とはなにか』岩波書店、1966年。
時実利彦『脳と人間』雷鳥社、1968年。
時実利彦『人間であること』岩波新書、1970年。
時実利彦『脳と保育』雷鳥社、1974年。
時実利彦『生命の尊厳を求めて』みすず書房、1975年。
時実利彦『脳を育てる』三笠書房、1987年。
中谷　彪『現代学校教育論』渓水社、1997年。
澤口俊之『幼児教育と脳』文春新書、1999年。

2章 学校を考える

　今日、一般的に学校といえば、通常、意図的・計画的・組織的に子ども・青年の教育に当たっている機関のことを言う。また、正規の学校という場合には、学校教育法1条に規定されている「小学校、中学校、高等学校、中等教育学校、大学、高等専門学校、盲学校、聾学校、養護学校及び幼稚園」の各教育機関を指す。

　近代的な学校が日本において出発したのは、1872（明治5）年のことであった。それ以後、今日まで130年以上になるが、学校も時代の波に揺り動かされながら絶えず新たな課題を投げかけられてきた。21世紀を迎え現在、学級崩壊現象・いじめ・不登校・校内暴力等々解決を迫られている問題も多い。それだけに従来にもまして学校に対する期待は大きく、多くの課題を背負い込んでいるのが今日の学校である。ここでは、学校の歴史の概観及び当面する学校の課題について考察していくことにしよう。

1　戦前日本の学校——小学校を中心とする概観

　江戸時代における寺子屋・藩校等を引き継ぎ1872（明治5）年の学制（文部省布達13号別冊）発布以降、日本における近代的な学校制度は、次第に普及していった。それは、就学率を見れば、あきらかである。文部省が、すでに学制発布の前年の1871年に設置され、日本における学校の普及は、いわば「上から」行われていった。そのため、文部省調査による詳細な統計資料が残っていることは、教育そのものにとってよかったかどうかの判断はしばらく置くとしても、研究を進めていく上では、きわめて貴重なものとなっている。

　例えば、小学校について見ると、1873年の学校数は12,558（内訳は、公立7,995、

私立4,563)、教員数は25,531であり、1874年の就学率は32.3%である(もちろん当時の学校のイメージは、今日のものとは大きく異なる)。当時の人口が約3,300万人(現在の４分の１)であるにもかかわらず、学校の数は現在の半分以上に達していたのである。

その後、さまざまな紆余曲折があったものの、教育勅語が渙発された1890年には、就学率は48.93%と約半数に達し、さらに1902年には91.57%(ただし日々平均出席率は約75%)と９割を超えた。

1891年には、小学校祝日大祭日儀式規程(文部省令４)が公布され、紀元節・天長節等々の日には、「学校長、教員及生徒一同式場ニ参集シ」「天皇陛下及皇后陛下ノ御影ニ対シ奉リ最敬礼ヲ行ヒ且両陛下ノ万歳ヲ奉祝ス」「学校長若クハ教員、教育ニ関スル勅語ヲ奉読ス」「祝日大祭日ニ相応スル唱歌ヲ合唱ス」(１条)などと定められた。これ以後、日本の学校においては、「忠君愛国ノ志気ヲ涵養」(同１条)することが求められ、教育勅語や君が代が学校を支配していくこととなった。

教科書も小学校の場合、1904年から国定のものが使用されることなり、単に儀式のみではなく教科内容の面からも忠君愛国、滅私奉公といった観念が、子どもたちの脳裏に注入されることとなった。大正(1912－26)の一時期、いわゆる大正デモクラシーの雰囲気を反映し、教育界にも新しい風が入ってきたこともあるが、教育界の大勢を変えることはできなかった。したがって、戦前教育の結果が、あの無謀なアジア・太平洋戦争と悲惨な敗戦へとつながっていくことになった、と言ってよい。

2　第二次大戦後の日本の学校―「生徒の幸福を学校第一の責務とする」

敗戦後の日本は、平和と民主主義、基本的人権の尊重を基本とする日本国憲法(1946.11.3公布、47.5.3施行)のもと、教育の憲法ともいうべき教育基本法(1947.3.31、法25)を制定し、新しい方向に歩み始めた。

義務教育年限が９年に延長され、学校教育法(1947.3.31、法26)により６年の小学校と３年の中学校が発足した。敗戦直後ゆえ、新制中学校の校舎建設は並

大抵のことではなかった。また、当然のことながら、戦前と異なる新しい学校の在り方が模索された。そうした中で、文部省は『中学校・高等学校管理の手引』(1950年、教育問題調査所)という分厚い書物を刊行した。その「第五章」のタイトルは「民主的指導者・管理者・教育者としての校長」となっている。その中に次のような注目すべき個所がある(同書60頁)。

「生徒の幸福を学校第一の責務とする」ということを「特に重要である」と述べた後、次のように続けている。

「校長と職員は、学校は生徒のために存在するものであるとの信条を認識し、信じ、実行しなければならない。学校は校長や教師に職業を提供するために存在するのではない。採用されるすべての施策はまず第一に次のテストに従わなければならない。

『いかなる方法によるのが生徒の幸福を高めることになるのか。』」と。

全国各地で新しい学校のあり方が模索されていった。荒削りであったかもしれないが、学校は比較的自由で活気ある雰囲気の中にあった。しかし、占領期を抜け出すと、次第に学校環境に変化が起こってきた。決定的なものが、地方教育行政の組織及び運営に関する法律(1956.6.30、法162)の成立であった。

この法律を根拠として、全国各地で学校管理規則(都道府県教育委員会制定の規則)が作られるとともに、教師に対する勤務評定が実施され、学校内における管理職と教師、また教職員組合と行政当局との間の厳しい対立関係が拡大していった。こうして教育の国家統制が急速に進行していくが、このことは、子ども・生徒にも大きな影響を与えていった。

学校の管理強化に伴う厳しい校則は、1980年代には大きな社会問題にまでなった。こうした環境の下でいじめ問題が次第に深刻化していく。よい教育環境であるはずの学校が肝心の子ども・生徒から不登校という形態での抗議を受けることにもなっている。

こうした学校を何とかしたい、という思いは、父母・住民の共通の願いであり、東京・中野区の教育委員準公選(1979-95)は、そのような雰囲気の中で誕生したのである。

政治のレベルで自由民主党の一党支配が崩壊し、連立政権の下で地方分権が

叫ばれるようになり、1995年、地方分権推進法が制定された。こうして、学校をめぐる行政の空気も従来と比較して多少異なる点がでてきている一面もある。しかし、現実は、厳しい。

3　今日における学校の課題

1998年は、答申ラッシュであった。すなわち、中央教育審議会（以下、「中教審」という。）をはじめ、教育職員養成審議会、教育課程審議会（以下、「教課審」という。）・生涯学習審議会・大学審議会等々の答申である。

このような審議会の答申の中で、学校のあり方を、管理運営面から直接大きく修正しようとしているのが、中教審答申「今後の地方教育行政の在り方について」（1998.9.21）であり、内容面からのそれが教課審答申「幼稚園、小学校、中学校、高等学校、盲学校、聾学校及び養護学校の教育課程の基準の改善について」（1998.7.29）である。

後者の教課審答申を受けて、文部省は幼稚園教育要領（文部省告示174）、小学校学習指導要領（文部省告示175）及び中学校学習指導要領（文部省告示176）を公示（1998.12.14）し、2002年度からの学校完全週5日制、総合的な学習の時間の創設等々へ向けて、教科内容の3割削減を行った、と主張している。

前者の中教審答申は、「学校運営組織の見直し」についても述べているが、「職員会議のあり方」に関する「具体的改善方策」として次のように主張している。[5]

　　イ　学校に、設置者の定めるところにより、職員会議を置くことができることとすること。

　　ウ　職員会議は、校長の職務の円滑な執行に資するため、学校の教育方針、教育目標、教育計画、教育課題への対応方策等に関する教職員間の意思疎通、共通理解の促進、教職員の意見交換などを行うものとすること。

　　エ　職員会議は、校長が主宰することとし、教員以外の職員も含め、学校の実情に応じて学校のすべての教職員が参加することができるようその運営の在り方を見直すこと。

この中教審答申の先取りともいうべきものが、東京都教育委員会・都立学校等あり方検討委員会の「都立学校等あり方検討委員会報告書」(1998.3.26. 以下、「都教委報告書」という。)である。この報告書は、校長の権限強化を主張し、現在重要な役割を果たしている職員会議の空洞化を図ろうとしている。
　このように見てくると、「地方分権」から始まった改革は、「学校の自主性・自立性の確立」というお題目のもとに、学校の内部組織を、縦に「串刺し」する一方的な管理のみの「強化」に終わろうとしているのである。これは、かつて1960年代後半に論争があり決着済みのいわゆる「学校重層構造論」の復権以外のなにものでもない。これでは、何のための改革かといいたくなる。都教委報告書には、国内の中教審は頭にあるが、日本政府が批准した国連・子どもの権利条約（1989. 日本における批准・発効は1994）は忘れてしまっているようだ。
　いまこそ、教育行政は、日々困難に立ち向かって努力している教師に対し、「上からの管理・規制」ではなく、第一次アメリカ教育使節団が勧告（1946.3.30）したように「統治的または行政的権力をもたぬ、感激と指導を供与する、相談役と有能なる専門的助言者」[6]となるべきである。しかし、都教委報告書は、逆に校長権限の肥大化による管理の強化のみ説いている。これでは、「校長の幸福を学校第一の責務とする」ことになり、結果として「管理あって教育なし」という事態を招いてしまうだろう。
　文部省は、2000年1月21日、学校教育法施行規則（省令）中に職員会議に関する次のような一条を追加して、2000年度より職員会議を校長の補助機関化することとした。
　　「小学校には、設置者の定めるところにより、校長の職務の円滑な執行に資するため、職員会議を置くことができる。
　　②職員会議は、校長が主宰する。」（23条の2）。
　このような省令制定は、19世紀末以来、日本の学校において教育条理に則り、いわば学校慣習法的に運営されてきた職員会議の位置付けを、強引に変更するものである。
　教育専門的にみて優れた校長ならともかく、一部上意下達的な校長による一

2章　学校を考える　21

方的な学校運営を、この省令「改正」が誘発するのではないかと懸念される。

　改正学校教育法施行規則（2000.1.21）は、職員会議について規定するとともに、新たに学校の教職員以外のものが「学校運営に関し意見を述べることができる」仕組みである学校評議員制度を設ける事とした。

　学校における風通しを良くしようとするこの措置が、「校長の推薦」を受けて就任した学校評議員によって、新たな校長擁護団が誕生した、と言われないような公正な評議員の選出に努力する必要があろう。

　学級崩壊、いじめ、不登校などの学校が抱える深刻な問題を解決していこうとする努力とともに、学力低下を心配する声も聞こえる。

　小泉純一郎首相は、第164回通常国会冒頭における施政方針演説（2006年1月20日）において「教育基本法については、国民的な議論を踏まえ、速やかな改正を目指し、精力的に取り組んでまいります。」と述べるとともに、「教育現場の創意工夫を促すとともに、習熟度別の指導、学校の外部評価、保護者や地域住民の学校運営への参画、学校選択制の普及を通じて、教育の質の向上を図ります。」(7)と主張している。今後の学校に与える影響が心配になってくる。

（浪本勝年）

注

（1）　文部省内教育史編纂会編修『明治以降教育制度発達史』第2巻、126頁、1938年、龍吟社。
（2）　同上、第3巻、1092頁。
（3）　同上、第4巻、1082頁。
（4）　同上、第3巻、88頁、岩本俊郎ほか『史料　道徳教育の研究［新版］』60頁、1994年、北樹出版。
（5）　http://www.mext.go.jp/b_menu/shingi/12/chuuou/toushin/980901.htm
（6）　文部省内教育法令研究会編『教育基本法の解説』131頁、1947年、国立書院。
（7）　「首相施策方針演説」『毎日新聞』2006年1月21日号。

3章 学級を考える

1 学級とは何か

　学級とは、教科指導や生活指導を計画的、効率的に行うために組織される、児童・生徒の基礎的集団の単位である。日本の公立小中学校では、同学年の児童・生徒で学級を編制する学年学級制が採用されている（小学校設置基準5条・中学校設置基準5条）。ただしへき地などの特別な事情がある場合は、複数の学年で1学級を組織する複式学級が認められている。また選択科目制が導入されている高等学校では、科目ごとに学級の構成員が異なることがある。

　学級は、大別すると学習集団と生活集団の2つの機能を果たしている。

　学級は教科指導を実施するうえでの効率性を追求したものである。「すしづめ学級」の時代には効率性追求に対する批判が強く、学級規模を縮小する主張が展開されてきた。しかし個別指導が理想で、学級は必要悪だというわけではない。集団の中でこそ教育効果があげられるという考え方が背景にある。

　学級は生活指導を行う基礎単位でもある。仲間との共同生活の場において、日常的な人間的交流を深めていくことで、子どもたちは社会性、道徳性を獲得してゆく。

2 学級の成立と変遷

　学年学級制は、近代公教育制度が整備された19世紀になって登場した。これは少ない費用で多数の児童・生徒に一定期間で所定の内容を終えるために効率的な教授法が必要とされたからである。19世紀初期にベル、ランカスターが考案したモニトリアル・システム（助教法）は、生徒を学力の等質な集団に分け、

優秀な生徒を助教生として各グループに配置するというもので、学級の前史に位置づけられる。

明治初期の日本では藩校・私塾以来の等級制が採用されており、飛び級や原級留置などが行われていた。「学級」という概念が法制上初めて登場するのは1886年だが、明確な意味づけがなされるのは1890年の「学級編制等ニ関スル規則」である。この時「学級」は授業内容のレベル（等級）ではなく、一斉教授をするために児童数に基づいて編成された集団を指すことになったのである。その後、試験による進級・卒業認定制度の廃止や、就学率の向上によって学年別学級が実態として普及していくが、年齢と就学期間が完全に一致した現在の制度が成立するのは1947年の学校教育法が制定されてからであった。

3　学級編成の基本原理

学級を編成するに当たっては、異質な者同士で学級を編成しようとする立場と、何らかの基準で児童・生徒を区分し、学級集団の等質化を図ろうとする立場がある。区分の基準としては年齢、能力、学力、性別、志望、障害などがあり、日本では年齢に加え、知能ないし健康を編成の基準としている。

このうち、能力や学力の均質な児童・生徒で学級を編成する能力別学級編成は議論を呼んでいる。これには、①能力や学力が大幅に異なる児童・生徒が混在する状況では一斉指導が困難である、②能力別編成にすることによって教育上の効率化と個別化が図れる、という考え方が背景にある。しかし、①能力や学力に基づく序列意識や過剰な競争意識を生みかねない、②能力や学力の格差を固定あるいは拡大する、という問題点を持っている。

学級編成のあり方は教育方法に結びついたものでなければならない。主要教科を自学自習、副次的教科を学級単位の学習としたパーカーストのダルトン・プランや、コモン・エッセンシャル（共通基礎技能）を自学自習、集団的・創造的活動を学級単位の学習としたウォッシュバーンのウィネトカ・プランなどは、特定の内容について教育方法の個別化を図る学級編成の試みであった。

オープン・スクールは、固定的な時間割や教室空間を取り払い、柔軟な学習

集団の編成を行う方式である。一斉学習のほかに課題選択学習、習熟度別学習、自由進度学習、個別学習、グループ学習などの学習形態を可能にする（愛知県緒川小学校、千葉県打瀬小学校など）。ただしさまざまな大きさの学習集団に対応できる教室空間の設計が必要とされる。近年話題になっているティーム・ティーチングは、複数の教師がティームを組んで学習指導に当たる方法である。また、二学級を三グループに再編成して少人数指導を行うといった方式が、小学校低学年を中心に多くの自治体でとり入れられてきている。

　これらの場合、学級は必ずしも学習集団としての基礎単位を意味しないが、従来のような一斉授業方式を行っているのでは教育効果が上がらない。学習集団の編成に応じた教育方法が考えられなければならない。

4　学級規模の問題

(1)　学級規模と学習効果

　学級規模は教育方法や教育活動の効果に大きな影響を及ぼす。

　小学校の学級規模は、まず1886年に尋常小学校が80人以下、高等小学校が60人以下と定められた。戦後は1947年の学校教育法施行規則によって50人以下、1958年の公立義務教育諸学校の学級編制及び教職員定数の標準に関する法律（義務標準法）、1961年の公立高等学校の適正配置及び教職員定数の標準等に関する法律（高校標準法）によって、公立学校は45人（高校専門教科は40人）と定められた。その後学級規模は少しずつ縮小され、1998年には小・中・高校とも40人となっている。[1]

　しかし中学校相当の学年では、アメリカ（ケンタッキー州）で31人、ドイツ（ノルトライン・ヴェストファーレン州）で24〜28人、ロシアでは25人といった欧米諸国と比べると日本の場合はなお国際的水準には達しておらず、また適正規模になっているのかどうかという点でも疑問が多い。[2]1997年の調査では、教職員の96.8％、父母の52.7％が学級規模の縮小を望んでおり、26〜30人学級を理想と考える割合が教師、父母、子どものすべてでもっとも多いことが示されている。また、1999年の全国自治体調査でも、過半数の自治体が望ましい学級規模

として30人学級をあげている（『学級編制に関する総合的研究』参照）。

ところで適正規模については議論が分かれている。

学級規模と学習効果の関係の代表的なものは1976年のアメリカのグラスとスミスによるもので、学級規模が20人以下になると学習効果が向上するという結論をくだした。1990年代にテネシー州で実施されているSTARプロジェクトでも学級規模を小さくすることがとりわけ低学年で学習効果を向上させることが明らかにされている。学級規模の問題は学習効果との関連で考えられることが多いが、基礎技能を養う反復学習と思考力を養う学習では学習集団の規模と学習効果の関係が異なる。また生活集団という意味では、子ども同士での人間関係を深めるのに適した集団の大きさという点からも考えねばならないだろう。

(2) 学級規模と教職員定数

わが国では学級数にあわせて教員数を決めるので、学級規模を小さくして学級数を増やせば、学校の教員も増えるしくみになっている。学級規模が大きいと学級事務が増え、子どもへのきめ細やかな対応がしにくいし、教員数が少ないと校務分掌の負担も大きい。学級規模の問題は子どもの学習条件の問題でもあり、教師の労働条件の問題でもある。

先に述べた学級の法的基準は国が負担する教職員の人件費を決める最低基準にすぎないから、この基準を上まわる教職員を配置することは可能である。事実、市町村で独自に教員を採用し、学級規模を小さくしたところもある（長野県小海町、佐賀県北波多村、愛知県犬山市など）。2001年3月の法改正で義務標準法が定める学級編制の標準より少ない人数の学級編制基準を都道府県が定めることができるようになり、学級規模を30〜35人に縮小したり、事情にあわせた弾力的な編制をしたりするようになった。2005年には45道府県が少人数学級を導入している（中央教育審議会「新しい時代の義務教育を創造する」（答申）関係資料より、平成17年10月26日）。だが自治体間で著しい格差が生じてはならないから、最低水準を確保する国の責任は依然残されている。

5　学級をめぐる問題と課題

(1) 学級王国や学級崩壊をどうのりこえるか

　小学校で採用されている学級担任制は、教科担任制に比べ全人的指導をしやすく、カリキュラムの柔軟な編成が可能だが、すべての教科に1人で対応することが難しい、閉鎖的学級経営に陥りやすい、という欠点を持つ。

　1990年代には、学級崩壊が深刻な問題となった。学級崩壊とは、子どもたちが教師に対して反抗したり、授業をエスケープしたり、学級全体でおしゃべりしていたりして授業が成立しない状態をさす。学校の秩序が危機にさらされていることを示しているが、統制と管理を強化すればくいとめられるというものではない。教師集団をはじめ、家庭や地域に開かれた学級づくりがのぞまれる。

(2) 教育条件整備問題としての学級

　学級編制基準は教室の広さを決める学校施設設備の最低基準（学校設置基準）としても用いられている。ゆとりのある教室空間の確保はもちろん必要だが、多様な教育活動に応じた学級編成を柔軟に行うには、さまざまな大きさのスペースも必要である。

　2001年度から高校では学級数でなく生徒数を基準に教員数を算定するようになったが、小中学校ではまだ学級数にあわせて教員の数を決めているから、小規模での教育活動をしようとすると教員の数が足りなくなる。教職員定数と学級編制基準がリンクしているのが適切なのか、考えてみる必要がある。そもそも、常に同規模、同一メンバーで集団を維持すべきかどうかも検討の余地があろう。

　また、人数の上限を1人でも超えると機械的に2つに分ける方法では、1人転校しただけで学級が増えたり減ったりする。標準の人数を定めておいて多少の人数幅を認めるというのも一案であろう。

　考えるべき課題は山積みされている。

（中田康彦）

注

（1）　小中学校の特殊学級は上限が8人、障害児教育諸学校の上限は小・中学部で重複障害が3人、その他で6人、高等部は重複障害の学級で3人、その他で8人とされている（義務標準法3条、高校標準法14条）。なお、幼稚園は幼稚園設置基準の35人、私立小・中学校は学校教育法施行規則の50人、私立高校は高等学校設置基準の40人（当分の間50人）が上限規定として適用されている。

（2）　1998年の調査によると小学校1（4）年の学級編制基準は、オーストラリア20（30）、クウェート30（30）、カナダ25（25）、ノルウェー18（28）、ルーマニア25（25）、スウェーデン22（22）、イタリア15（25）人となっている。日本を上回る基準を定めているのは極端な教員不足に悩まされているアフリカ諸国とホンジュラス（中南米）だけである。

　　　参考文献

文部科学省『教育指標の国際比較　平成17年版』国立印刷局、2005年。
桑原敏明編『学級編制に関する総合的研究』多賀出版、2002年。
堀内孜編著『学級編成と地方分権・学校の自律性』多賀出版、2005年。
田嶋義介『あなたのまちの学級編制と地方分権　村費負担先生佐賀県北波多村の大きな試み』公人の友社、1998年。
千葉市立打瀬小学校『21世紀の学校はこうなる』国土社、1998年。
民主教育研究所教職員委員会「教職員・学級規模調査」報告『季刊人間と教育』17号、旬報社、1998年。
文部科学省初等中等教育局初等中等教育企画課『教育委員会月報』平成18年1月号、2005年。

4章 校則を考える

　「荒れる学校」という言葉が象徴するように、1970年代後半から80年代にかけて校内暴力や生徒の「荒れ」が目立ち、それらを抑えるために学校の管理主義的傾向が一層強められた。体罰・内申書（調査書）とともに生徒を管理する手段として用いられたのが校則である。80年代半ば以降、詳細きわまる校則に対する世論の批判が高まり、その是非を争う裁判も見られるようになった。その後、校則見直し等の取り組みが進められつつあるが、今日においてもなお、子ども・生徒の人権をめぐる争点の1つとして検討すべき点が少なくない。

　本章では、校則問題と子どもの人権に関する議論を跡付けながら、校則の意味や「校則裁判」の動向とその問題点、子どもの自治・参加と校則のあり方について考えてみたい。

1　現代の学校教育と校則問題

　学校における管理主義は、現代の学校教育が抱える病理現象の1つである。1980年代以降、「教育」「指導」の名目で、子ども・生徒の人権侵害状況が日常化し、ついにはその生命までもが失われる事態が生じている。その背後には、とくに1960年前後から進行してきた教育の国家統制強化と学校の能力主義的再編成、そのもとでの教育荒廃現象の広がりがあるが、こうした危機的状況は今日にまで続いている。

　「詳細極まる校則、体罰、内申書などによって管理され、『おちこぼれ』、『いじめ』、登校拒否、非行など深刻な事態に追い込まれている。」（日本弁護士連合会「学校生活と子どもの人権に関する宣言」1985年）。この指摘にある通り、80年代初頭には、中学・高校で校内暴力の嵐が吹き荒れ、それを規則と力で押さえこ

もうとする動きが強まった。少なからぬ学校で、生徒の日常生活の細部に及ぶ校則の詳細化と、校則違反を理由とする体罰の日常化が見られた。修学旅行中に体罰を受け死亡した岐阜県立岐陽高校事件（1985年）をはじめ、校則・体罰による事件が全国的に発生し、子ども・生徒への人権侵害が大きな社会問題となった。こうした事態に対し、生徒自身や保護者から、あるいは、弁護士会、研究者、法務省人権擁護局などから、校則による生徒の人権規制に対する批判・改善要求が出され、次いで、臨時教育審議会第2次答申（1986年）が「児童・生徒に対する過度の外面的規制など形式主義的・瑣末主義的な『管理教育』」の見直しを提言した。これを受けて、文部省は校則の実態調査に乗り出し、88年には都道府県教育委員会に対して校則の見直し指導を要請した。その後、学校の内部的努力で校則の改善も進められつつあるが、90年に兵庫県立神戸高塚高校で起きた女子生徒校門圧死事件が象徴するように、生徒不信を前提とした管理教育をめぐるトラブルはその後も後を断たない。むしろ「校則は簡素化されたが、実態は変わらない。風紀委員に髪を切らせるなど陰湿化している」(1)という指摘さえ見られる。

今日、21世紀における日本の教育のあり方が検討されるなかで、個性尊重や自主性・創造性、生きる力の育成などが重要課題として提起されている（中央教育審議会第1次答申、1996年。教育改革国民会議報告、2000年）。また、89年に国連で「子どもの権利条約」が採択されて以来、子どもの権利や子ども参加に対する関心が高まっている。校則に象徴される学校の管理主義は、「自主的に行動する能力と、自己の個性を正しく認識しそれを助長する能力とに欠けた若者を大量に世に送り出す」(2)ものであり、子どもの自主性と人権尊重の視点から見直す必要がある。学校の教育自治性、なかでも子どもの自治と参加のあり方が問われている。

2 校則の意味と子どもの人権

校則とは一体何であろうか。校則には直接的な法令上の根拠はなく、その法的性質と効力、制定権者、対象範囲についてはかねてから多様な議論がある。

校則の概念にしても、学校のきまりの総称として用いられる場合や、学校教育法施行規則3・4条に規定される学則と同義に用いられる場合がある。また、校則を成文化された規則として捉える立場もある。厳しい校則として一般に社会問題化しているのは、生徒心得を典型とする生活指導関連上の校則であることから、「各学校で生徒の生活、行動を直接的かつ継続的に規制する生活指導上のきまり」のように、校則を限定的に定義づけようとするものもある。⁽³⁾

　校則の内容や運用の実態は、学校段階や学校・地域の風土などによってかなりの違いが見られる。校則が規律する事項は詳細・多岐にわたっているが、主に、(1)学習・教育に関する規則（授業・休憩時間等）、(2)学校内の生活に関する規則（清掃、静謐の保持等）、(3)生徒らしさの保持に関する規律（礼儀作法、髪型・服装、所持品等）、(4)学校外での行動の規制（外出・出入場所、バイク、アルバイト、男女交際等）などに分類化される。このうち、とくに(3)・(4)については、「本来私的なことがらであって生徒等の個人の決定あるいは親権者の監護・教育権（民法820条）に委ねられる領域に属する」という批判が強い。⁽⁴⁾

　校則の法的性質ないし学校の校則制定権については、生徒等の在学関係をどのように捉えるかという観点から議論されている。これまで、一般に、(1)特別権力関係説、(2)附合契約説、(3)在学契約説の3つが主張されてきたが、教育法学説では、教育法上の在学契約関係とする見解が有力である。この説によれば、校則の内容について学校・教員と生徒・保護者との間に合意が不可欠となり、校則の制定・改廃手続への生徒等の参加を促すというメリットがあるが、難点もあると指摘されている。近年では、在学契約説に依拠しつつ、校則の法的性質を「非強制的な生活指導規定」と解する説も生まれている。⁽⁵⁾

　校則は、学校ごとに学校自治的に制定・運用される慣習法、内部規律・基準であると考えることができる。その意味で、校則は学校自治立法と解されるが、開かれた自治の中で、生徒・保護者等多方面からの参加とその民主的手続きが求められる。校則の内容は、あくまでも人権主体である子どもと、その直接的養育者である保護者の主体的意思が尊重されるものでなければならない。校則違反に対し、退学を含む懲戒処分がなされることが多いが、校則違反を懲戒処

分に直結することは"教育的懲戒"としての実態を伴っておらず、違法な処分であるとする見解が説得的である。⁽⁶⁾

3 校則をめぐる裁判とその問題点

　80年代以降には、学校の管理主義の動向を受けて「校則裁判」と範疇化できるような裁判が登場した。これは、校則違反を理由に懲戒処分や自主退学などの不利益を受けた生徒と保護者が司法的救済を求めて起こしたものであるが、当該不利益処分の違法性とともに、その前提となった校則自体の違憲・違法性や、その懲戒処分的運用の違法性などが争われている点に特徴がある。教育法的には、「教育是正的な教育裁判」(兼子仁氏)の一類型を為すものとして位置づけられ、校則裁判の帰趨は、当該学校のみならず、学校の教育的措置や生活指導・生徒管理のあり方に全国的な影響を及ぼしている。⁽⁷⁾

　校則裁判として重要なものとして、中学校の丸刈り校則を争った熊本県玉東中丸刈り校則事件（熊本地判1985.11.13）・兵庫県小野中丸刈り校則事件（最一小判1996.2.22）や、中学校制服購入に伴う千葉県大原中制服着用生徒心得事件（東京高判1989.7.19）、いわゆる「バイク三ない（免許を取らない・乗らない・買わない）原則」違反に関する千葉東京学館高校バイク退学事件（最三小判1991.9.3）・修徳高校バイク退学処分事件（東京高判1992.3.19）、さらには、パーマ禁止校則が問題となった修徳高校パーマ退学事件（東京高判1992.10.30）などが挙げられる。

　これらの裁判では、ごく一部の例外を除きほとんどが原告敗訴となっており、概して校則の違憲・違法性を認めていない。富山大単位不認定事件（最判1977.3.15）で示された"部分社会"としての学校論に基づき、校長に広範な校則制定権（教育裁量）が承認され、校則による生徒の権利・自由の規制権が認められている。「教育目的達成のため」「教育上必要と認められるとき」「社会通念上合理的な範囲にあるかぎり」校則を適法とするのが大勢である。そして、このような条件を充たすかぎり、生徒の校外活動についても規律することができるとする。⁽⁸⁾

多くの論者が批判しているように、校則制定・懲戒処分について校長の大幅な裁量権を認めるなど、上記の判決の論旨には問題点が多い。その背景には、憲法・人権論の論理構成が消極的であることが挙げられる。判例の多くは、私立学校に対して私人間に憲法の人権規定は直接に適用されないとする間接適用説に立っているが、この捉え方は私立学校の公共性から見て不合理である。また近時は、新たな人権カテゴリーとして、子どもの幸福追求権や自己決定権、さらには親の教育権などが提唱されている。校則の現実の機能に目を向け、憲法による人権保障と校則内容との整合性が丁寧に検討されていく必要がある。

4　子どもの自治・参加と校則

　子どもの権利条約は、子どもを保護の対象から人権の主体として把握し、子どもの最善の利益や子どもの社会参加をキーワードに、市民的権利のほか、社会的・経済的・文化的権利に及ぶ広範な権利を子どもの権利として法定している。意見表明権（12条）、表現・情報の自由（13条）、思想・良心・宗教の自由（14条）、結社・集会の自由（15条）、プライバシィ・通信・名誉の保護（16条）等の権利は、ここでの校則問題を考えるうえで重要である。また、学校懲戒について、「子どもの人間の尊厳と一致する方法で」行われなければならないと明記しており（28条2項）、この規定もきわめて示唆的である。

　同条約の採択以来、社会のあらゆる面で、子どもの参加（権）が問われ始めている。ある研究者グループは、この権利の持つ自己決定的・社会形成的な性格がふまえられ、子ども・青年の成長発達（とくに、自己決定・共同決定能力の形成）を助長し、子ども世代の意思・要求を反映させる参加制度を確立していくことを提唱している。学校における子どもの集団形成や教師との共同決定、さらには集団と個人の関係の調整を通じながら、子どもは自律的な自己形成主体へと成長する。子どもの自治と参加を尊重することは、民主主義社会の担い手として子ども達の人間形成を支え援助することになる。

　しかし、今日の学校での子どもの自治と参加を尊重する活動は、深い矛盾と混迷にあると言わざるを得ない。校内暴力への対処を契機として広まった生徒

指導体制強化の中で、生徒会活動が生活指導・生徒管理の方途として利用されるなど、その矛盾が管理教育に集中している。こうした状況の中で、学校の内部的努力で、生徒の積極的参加による校則改善や生徒会づくりに取り組み、その再生に成功した学校も現れている。なかには、父母住民も参加して、生徒の自主性を尊重する「生徒憲章」を採択した学校もある。こうした教職員の民主的合意と学校運営への生徒・父母参加の保障は、教育自治の創造のうえで不可欠の課題である。

校則改正に取り組んだ生徒達は「校則に対する関心を一層高め、校則の意義を深く考えるようになるとともに、いまある校則は守っていかなくてはならないという自主的な規範意識を高めていった」。ここには、管理ではなく学習の手段としての校則という側面が示されている。校則問題の背景には、多数決の論理を押しつける特殊日本的な共同体的民主主義や、お互いの違いを認めない同質にとらわれる意識が存在している。また、教育の名の下に、子どもへの過度のパターナリステックな干渉が正当化されるといった風潮もある。校則は、学校における生徒の自主性と人権尊重のあり方が問われる試金石である。

近年、特に90年代後半以降、地方分権の推進の流れのなかで、「各地域や学校における主体的かつ積極的な活動を促進する」という観点から、「学校の自主性・自律性の確保」などが改革課題として提起されている（中央教育審議会答申「今後の地方教育行政の在り方について」1998年）。学校運営についても、これまでの横並び・画一化ではなく、子ども・地域等の状況に応じた「特色ある学校づくり」が求められている。校則問題は、こうした観点からもその改善が図られる必要がある。

（伊藤良高）

注

（1） 『山口新聞』1995年7月15日。太田周二郎氏（下関市立大学）のコメント。
（2） 澤登俊雄「校則違反と懲戒―人権と保護の接点をさぐる」『ジュリスト』912号、1988年7月、22頁。
（3） 市川須美子「校則裁判と生徒の権利保障」『ジュリスト』918号、1988年9月、57頁。
（4） 竹内俊子「校則―規制される権利と規制されない権利」『法学セミナー』449号、1992年5月、

55頁。
（5）　市川前掲論文（注（3））。
（6）　同前。
（7）　兼子仁・市川須美子「教育判例の概観―教育法学の見地から」『ジュリスト』935号、1989年6月、11頁。
（8）　吉岡直子「子どもの権利にかかわる判例の概観」『法律時報』855号、1997年7月、43頁。
（9）　喜多明人他編『子どもの参加の権利―〈市民としての子ども〉と権利条約』三省堂、1996年10月、5〜6頁。
（10）　同前、35〜61頁。
（11）　同前、52頁。

　　参考文献

坂本秀夫『生徒心得』エイデル研究所、1984年。
坂本秀夫『「校則」の研究』三一書房、1986年。
石川恵美子他「〈座談会〉校則問題を考える」『ジュリスト』912号、1988年7月。
戸波江二「校則と生徒の人権」『法学教室』96号、1988年9月。
芹沢斉「校則問題―学校生活と生徒の自由・権利」『法学教室』136号、1992年1月。
広沢明「生徒の人権に関する問題事例」永井憲一編著『子どもの人権と裁判』法政大学出版局、1998年。

4章　校則を考える　　*35*

5章 体罰を考える

1 体罰の現状

体罰の禁止については、学校教育法で次のように規定されている。

「校長及び教員は、教育上必要があると認めるときは、文部科学大臣の定めるところにより、学生、生徒及び児童に懲戒を加えることができる。ただし、体罰を加えることはできない。」(11条)

体罰は法禁されているにもかかわらず、学校での体罰事件は後を絶たない。(図参照)なぜ、学校教育の現場でなくならないのだろうか。

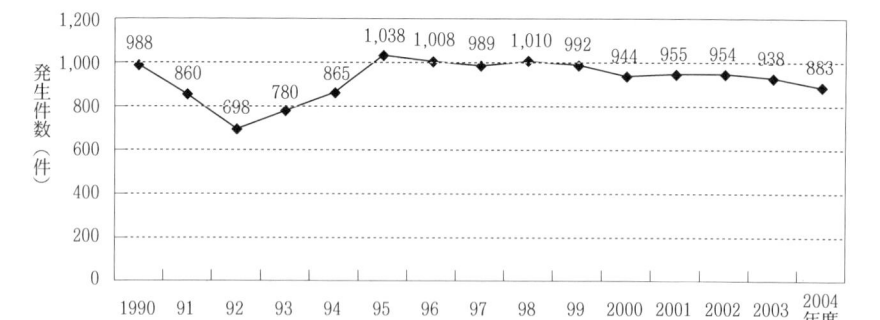

図　体罰ではないかとして問題とされ学校で調査した事件の発生件数

発生件数(件)

1990: 988
91: 860
92: 698
93: 780
94: 865
95: 1,038
96: 1,008
97: 989
98: 1,010
99: 992
2000: 944
2001: 955
2002: 954
2003: 938
2004年度: 883

(出典) 文部科学省のHP「生徒指導上の諸問題の現状について(概要)」より

2 体罰禁止の風土

現在、体罰は法禁されているのに、体罰＝「愛の鞭」であるという考え方が、根強く存在している。少なからぬ日本人は、体罰が日本の伝統的な教育方法であり、有効的な教育手段であると信じている。しかし、この考え方は根拠のな

いものといえよう。

　稲作農耕文化を基盤とする日本では、人間も動物も植物も生きとし生けるものすべて、神と同列のものと位置づけてきた。そこから人間は、みな平等に造られているという考えが導き出され、人間を神と同列に置くところから人間を本質的に善なる存在であると考えた。子どもを善なるもの、無垢なものと考える社会には、子育てに体罰が必要であるという考えは見当たらなかった。つまり、日本の伝統的な子育て方法とは、子どもを暴力的に扱ったり、脅かしたりして教え込むのではなく、慈しみ育てるという方法であった。

　近代日本の学校教育制度が整備されていくなかでも、教育法令においては体罰は禁止されてきた。例えば、1879（明治12）年に教育令が公布されるが、そこでは体罰について「凡学校ニ於テハ生徒ニ体罰殴チ或ハ縛スルノ類ヲ加フヘカラス」（46条）と規定していた。この教育令は自由放任主義的であると批判され、わずか1年後に改正されたが、体罰禁止の46条は削除されなかった。それ以降も体罰禁止の条文は引き継がれ、1890（明治23）年の小学校令においても「小学校長及教員ハ児童ニ体罰ヲ加フルコトヲ得ス」（63条）と規定されていた。1900（明治33）年の改正小学校令では「小学校長及教員ハ教育上必要ト認メタルトキハ児童ニ懲戒ヲ加フルコトヲ得但シ体罰ヲ加フルコトヲ得ス」（47条）と規定され、体罰は禁止されていた。体罰の禁止は、1941（昭和16）年の国民学校令でも受け継がれ、「国民学校職員ハ教育上必要ト認メタルトキハ児童ニ懲戒ヲ加フルコトヲ得但シ体罰ヲ加フルコトヲ得ス」（20条）と規定されていた。

　このように、日本において体罰は伝統的な教育方法ではなく、教育法令では一貫して禁止されていたのである。

3　体罰容認の土壌

　教育法令で体罰は禁止されていたのに、体罰が教育方法として存在したのはなぜか、また、いつからなのであろうか。

　明治維新後の日本は、中央集権的天皇制を早急に確立し、欧米列強の圧力に対抗しうる国家を作り上げることが至上課題となった。いわゆる富国強兵政策

である。教育はこの政策課題を達成する手段として大きく位置づけられた。1890（明治23）年渙発の「教育ニ関スル勅語」により、国家主義思想の普及徹底が図られ、忠君愛国が教育目的となった時、即効力のある教育方法として体罰が教育現場に現れた。例えば、童謡「雀の学校」（1921年作）は、日常的に教員が「鞭を振り振り」体罰教育を行っていたことを示唆している。

　教員養成についてみよう。1881（明治14）年に「小学校教員心得」が定められ、国家主義教化教員の養成が始まった。この教員養成をさらに徹底するために、師範教育の改革が押し進められた。小学校の教員は、「師範学校令」（1886年）に基づいて、全国の師範学校において養成されることになった。師範学校は費用の一切が官費でまかなわれ、「順良、信愛、威重」（師範学校令第1条）の気質を兼ね備えた教員の養成を目的とした。その目的を実現する方法として、徹底した軍隊式教育（全寮制教育や兵式体操など）を取り入れた。教員の卵たちは、軍隊内務班にならい、ラッパによる規制と体罰による指導のもとに成長した。体罰を日常的に受けて養成された彼らは、体罰肯定の教員となっていった。このように教育法令の上では体罰を禁止しつつも、学校教育の現場でその条文が空文化していったのは、国家による師範教育の進行と軌を一にしていた。

　戦後、教育の民主化がすすめられたが、学校教育における体罰容認の土壌は完全に払拭されずに残ってきた。また、効率優先の現代社会では、教育効率を上げる手っ取り早い手段のひとつとして、体罰が容認される余地が残るのである。

4　体罰と懲戒

　体罰禁止は学校教育法第11条に明記されているが、体罰の範囲についての規定はない。体罰の意味はどういうものであろうか。この点については、旧法務府の見解「児童懲戒権の限界について」（1948年）及び「生徒に対する体罰禁止に関する教師の心得」（1949年）が参考になる。前者は、「懲戒の程度」として「身体に対する侵害、被罰者に肉体的苦痛を与えるような懲戒は体罰に該当する」と言い、後者は、「用便に行かせなかったり食事時間が過ぎても教室に留

め置くことは肉体的苦痛を伴うから体罰となる」と述べている。いずれも、体罰を広範囲に、かつ厳しく捉えている。

　しかしながら今日、体罰の範囲と内容をどう解するかについては、依然として見解の相違がある。例えば、水戸市立五中事件東京高裁判決（1981.4.1）では、体罰は「教育上の懲戒手段としては適切でない場合が多く、必要最小限にとどめることが望ましい」としながらも、「注意事項のゆるがせにできない重要さを生徒に強く意識させるとともに教師の生徒指導における毅然たる姿勢・考え方ないしは覚醒行為として機能し、効果があることも明らかであるから……教師は必要に応じ生徒に対し一定限度内で有形力を行使することも許されてよい場合があることを認める」べきであるとし、その有形力の行使については、「学校教育上の懲戒行為としては一切許容されないとすることは、本来学校教育法の予想するところではないといわなければならない」と判示している。

　一方、東久留米市立中央中体罰事件の東京地裁判決（1996.9.17）は、体罰を「感情に任せた生徒に対する暴行であり、およそ教育というに値しない行為である」と厳しく批判し、「体罰は、生徒・児童に恐怖心を与え、現に存在する問題を潜在化させて解決を困難にするとともに……生徒・児童に対し、暴力によって問題解決を図ろうとする気質を植え付けることとなる」と判示している。

　極端に分かれた2つの判決は、現場の教員や社会一般の本音や迷いを代弁している。確かに、どこまでが正当な懲戒行為で、どこからが違法な懲戒行為となるのかは、微妙な問題といわなければならない。

5　子どもの権利保障と体罰の否定

　近年社会一般に、校内暴力や少年の凶悪化に対抗する手段として、体罰教育を容認しようとする声がある。教員たちの中にも「体罰なしで教育ができるという考え方は現場を知らない理想論である」と主張する人々がいる。親でさえ、「体罰教育をするのは熱血教員である」と信じ、体罰を容認する場合もある。

　はたして、体罰を行う教員は、教育熱心な、指導力のある教員なのだろうか。私見では、否である。体罰で子どもは変わるように見えるが、それはあくまで

も外見的な変化でしかない。体罰を受けた子どもは、教員の顔色をうかがうようになり、自主性や批判する力を失う。むしろ、体罰行使の教員とそれを容認する教員は、自らの教育的力量のなさを露呈しているといえるのではなかろうか。体罰を肯定する教員や親たちには、「冷静な反則キップ制とか、イエローカード方式など、体罰廃止の心構えを約束させ、結果責任体制を確立する」措置をとってはどうであろうか。[4]

諺に、「可愛くば、5つ教えて3つほめ、2つ叱って良い人とせよ」とある。教育とは、ほめることと叱ることの両方がうまくいってこそ、良い結果を生む。教育的力量を持った教員とは、この両者のつりあいをうまくとることができる教員である。

「子どもの人格、才能ならびに精神的および身体的能力を最大限可能なまで発達させること」(子どもの権利条約　第29条) が教育の目的であるとするならば、「学校懲戒が子どもの人間の尊厳と一致する方法で……行われる」(同前　第28条) ことは必須の条件である。体罰否定こそ、懲戒が子どもの尊厳と権利の保障にふさわしいものとなるための第一歩であろう。

(小林靖子)

注

(1)　「神戸市の市立小中学校で、1993年度から97年度の間に計77件の体罰がありながら、同市教委は97年度の1件しか文部省の調査に対して回答していなかった。」『毎日新聞』(1998年9月18日号) このように、発生件数は図の数値より多いものと思われる。
(2)　中谷彪『風土と教育―アメリカと日本の教育文化―』教育開発研究所、1990年、9～12頁。
(3)　柴野昌山編『しつけの社会学―社会化と社会統制』世界思想社、1989年、224～229頁。
(4)　尾木直樹・宮台真司『学校を救済せよ』学陽書房、1998年、75頁。

参考文献

小林剛『「いじめ・体罰」がなぜ起きるか』明治図書、1993年。
坂本秀夫『体罰の研究』三一書房、1995年。
下村哲夫『「事件」のなかの教師たち』教育開発研究所、1991年。
永井憲一・寺脇隆夫『解説・子どもの権利条約』日本評論社、1990年。

6章 いじめを考える

1 「いじめ」問題の捉えかた

　「いじめ」問題に関しては、当面、緊急に対応すべき点について、文部省の初等中等教育局から通知が出されるなど、かなり深刻な社会問題となっている。いじめについて、その抜本的解明に努めるためには、その本質にかかわるいくつかの留意点が存在する。

　まず、いじめの概念や定義に着目する必要がある。いじめは、一般的に「自分より弱いものに対して一方的に、身体的・心理的な攻撃を継続的に加え、相手が深刻な苦痛を感じているもの」と定義されている。また、いじめと一口にいってもその内実はさまざまであり、その行為がいじめであるか否かを判別する基準もあいまいであると言わざるを得ない。したがって、統計上の数値に挙がっているいじめは、あくまで教師などの第三者によって「発見」されたいじめであり、当事者以外の者からの「見えにくさ」をその特徴のひとつとする。[1]

　また、いじめの概念規定に関しては、いじめる側といじめられる側の「フレイム間の矛盾」[2]も統計の信頼性に大きな問題を投げかける。つまり、いじめは、いじめられる側の主観に基礎をおいた現象ではあるものの、いじめる側の動機にも目を向ける必要がある。通常のいじめに関する統計では、この2つが一致したもの、すなわち「加害者の側が、加虐的感情を込めた行為によって、被害者の側が身体的・心理的苦痛を感じているもの」をいじめとして取り扱っているが、実際にはこの両者は必ずしも一致するものではない。行為主体の動機のいかんにかかわらず、その行為を受けた客体の方が被害感情を抱くような場合や、その逆のケースも考えられるのであり、これらのケースはやはり概念規定

上の制約から統計上の数字に現れない暗数となることが多いのである。

さらに、統計の信頼性に影響を与えるものとしては、担任教師が、その「責任感」からいじめの事実を隠したり、学校やPTAが子どもたちの進学や就職への悪影響を考慮した「教育的配慮」によるいじめ事実の否定、過少報告などもあげざるを得ないというのが現状であろう。

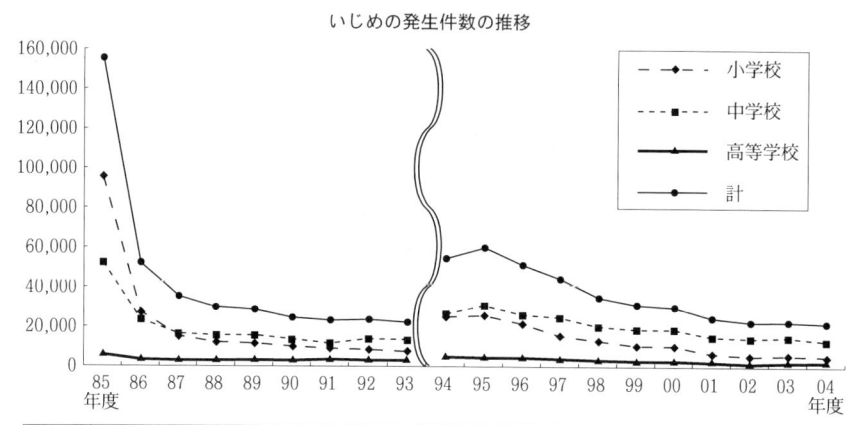

いじめの発生件数の推移

	85年度	86年度	87年度	88年度	89年度	90年度	91年度	92年度	93年度	94年度	95年度
小学校	96,457	26,306	15,727	12,122	11,350	9,035	7,718	7,300	6,390	25,295	26,614
中学校	52,891	23,690	16,796	15,452	15,215	13,121	11,922	13,632	12,817	26,828	29,069
高等学校	5,718	2,614	2,544	2,212	2,523	2,152	2,422	2,326	2,391	4,253	4,184
計	155,066	52,610	35,067	29,786	29,088	24,308	22,062	23,258	21,598	56,601	60,096

	96年度	97年度	98年度	99年度	00年度	01年度	02年度	03年度	04年度
小学校	21,733	16,294	12,858	9,462	9,114	6,206	5,659	6,051	5,551
中学校	25,862	23,234	20,801	19,383	19,371	16,635	14,562	15,159	13,915
高等学校	3,771	3,103	2,576	2,391	2,327	2,119	1,906	2,070	2,121
計	51,544	42,790	36,396	31,359	30,918	25,037	22,205	23,351	21,671

（注1）平成6年度からは調査方法を改めたため、それ以前との単純な比較はできない。
（注2）平成6年度以降の計には、特殊教育諸学校の発生件数も含む。
（出典）文部科学省『生徒指導上の諸問題の現状について』2005
　　　　（http://www.mext.go.jp/b_menu/houdou/17/09/05092704.htm）より作成

2　いじめを見えにくくするもの

それではなぜ、いじめは「見えにくい」のかについて考えてみたい。まず第1に挙げられるのは「フレイム間の矛盾」であり、いじめる側といじめられる側のいじめの認識がズレるためである。また、第2には、こうした認識のズレを巧みに利用して、近年のいじめは、「遊び」や「ふざけ」に偽装されるものが多く、巧妙化・陰湿化が進んだということが挙げられよう。いじめる側は、

罪悪感の軽減や解消、周囲からの非難の回避をもくろんで、いじめ行為を偽装化、あるいは正当化しようと工作する。周囲はこれに「まるめこまれる」ことによって、そうした行為の理不尽さや不当性を認識し得ない。また、いじめられる側の立場からみれば、人間としてのプライドや他者への「やさしさ」[3]が、いじめ被害の事実を口外させないといった、被害者の側からの「見せにくさ」も指摘できる。

　こうしたダイナミズムにあって、何よりもいじめを「見えにくく」している原因は、その周囲の者の無関心・無反応であると言われる。いじめは、単にいじめる側、いじめられる側という直接の当事者のみによって起こるわけではない。いじめる側に関しても、かれらの個別のパーソナリティが問題であるというより、むしろかれらが所属する学級集団や仲間集団の文化・価値体系が問題なのである。

　すなわち、いじめが逸脱行動である以上、本来なら集団内にはこれを抑制し、秩序を回復させようとする力が働くはずである。にもかかわらず、いじめが存続するという事実は、これを積極的にせよ消極的にせよ、容認する傾向が集団内に存在することを示唆するものである。

　実際に、集団内のいじめでは、直接の加害者・被害者のほかに、そのいじめをはやしたてる、いじめの積極的支持者ともいうべき「観衆層」と、これを見ても見ぬふりをする、いじめの消極的支持者ともいえる「傍観者層」の存在がある。この観衆的・傍観者的立場に立つ者の増加が、今日のいじめを見えにくくし、長期化を招いているとも考えられるのである。かれらは、時には加害者からの要請に応じ、いじめられる側に対する自身の主観的な感情とはかかわりなく、「シカト（無視）」などより活動性の低いいじめ加害行為をとることもあるが、ともあれ、かれらの行為の根底にはいわゆる「触らぬ神にたたりなし」の態度動機がある。また、進行中のいじめに対しては、変に口をはさめば「イキリ」や「チクリ」などと呼ばれ、今度は自らがいじめのターゲットとなりかねないという思いから、そのいじめに対して意識的な同調行動、あるいは逃避としての無関心の態度をとり続けるのである。[4]

最近では、メールを利用した「新たないじめ」も発生しはじめている。その背景には匿名社会があり、誰でもいじめのターゲットとなる恐さをもつのである。

3 いじめの病理性

いじめる側の多くは、その動機を「相手に悪いところがあるから」として、自らの行為を正当化する。しかし、「相手に悪いところがあるから」といって、継続的な加虐行為であるいじめが許されてよいはずはない。その上、その「正当な制裁」としてのかれらのいじめ行為も、決して「正当」であるとは言えないのである。

このことは、いじめを、間接的なかたちで眺めている観衆層や傍観者層の多くが、「相手に悪いところがあるから」なされているとは考えていないことが多いということからも明らかである。つまり、いじめ加害者のいう「正当な」いじめの動機は、実際のところ単にいじめの引き金となった要因、誘因にすぎず、何らの普遍性も有してはいないのである。

さらに、いじめの病理性の本質は、その媒介性にあると考えられる。このことは、いじめがそれ自体、人間関係の「病」であるだけでなく、その後に多くの、また深刻な問題状況を派生させることを意味している。

例えば、いじめの被害者は、実際にいじめが進行中の際には心身に特に問題がなくとも、これが終息した後に、その反動で無気力になってしまったり、ノイローゼ的な症状に悩まされるケースもあると言われる(5)。また、いじめ加害者の教唆によって、あるいはいじめによるストレスが原因で、いじめ被害者が窃盗、暴力行為、器物破損に及ぶこともある。自己防衛のために登校拒否（不登校）になってしまったり、その最終手段として自殺を選択することも稀ではない。さらに、代償としての家庭内暴力や、自分より劣位にある他者への攻撃、いじめ加害者への過度の攻撃的反抗としての復讐殺人などが1つのいじめを起因として、いじめ被害者の手によって引き起こされる可能性も多分にある。したがって、いじめを議論する際には、こうした他の問題行動や逸脱行動の誘因

としての側面も、見落とすことのできない重要な観点のひとつとなるのである。

4　いじめの「社会問題化」が意味するもの

　こうした、いじめの病理性の先鋭化、より極端なかたちでの表出は、いじめの「社会問題化」が意味するものと考えられよう。

　すなわち、大人たちはしばしば「私たちの子どもの頃にも、いじめはあった」とし、これを基準に現在のいじめをイメージし認識しようとする。しかし、現在のいじめは、時としてこうした大人たちの認識をはるかに越え、予想外の領域に達するのである。

　いじめは、ますますより多くの者を巻き込みながら、複雑化し、陰湿化・巧妙化の度合いを高めている。そして、一層可視性を低め、見えにくいものとなってきているのである。

　また、それとともに驚くべきほど長期にわたって継続されるものの、「なぜその特定の者がいじめられるのか」といったいじめの動機は多様化を極めている。それゆえに、だれがどのような理由からいじめの被害にあおうとも、むしろ別に違和感を感じないといった状況がつくり出されてしまっているのである。

　そして、いよいよ究極的な現実として、被害者が自殺に追い込まれるようなケースが頻発すると、いじめが「死に至る病」(6)として大きく社会問題化する。マスコミをはじめとして、より多くの人々がこれに真剣な問題意識やまなざしを向けるようになり(7)、先に述べたような特異性・異常性ゆえに、そこから容易に視線をそらすことができなくなるのである。

5　いじめを誘発しやすい特性

　いじめはひとつの病理現象であり、具体的にどのような子がいじめられるのか、という問いに対して完全な答えを用意することはできないが、その発生については大きく分けて2つの説明がある。

　ひとつは、いじめ問題が起こるのは、特定の者が「悪い」のではなく、学校における規範統制の弱体化、例えば、教師の児童・生徒への影響力の弱さが原

因であるとする「統制理論」に基づく見解である。もうひとつは、学校における過度の管理体制、画一主義的教育、学力至上主義といった体制が、かれらにストレスや欲求不満を与え、その解消のための手段としてかれらはいじめを行うのだとする「緊張理論」に基づく考え方である。しかしながら、より多くのいじめ事例を概観し、そこに見られる共通項を抽出することによって、おぼろげながらもいじめを誘発しやすい特性を見出すことは不可能なことではない。

やや抽象的な表現になるが、われわれが持つさまざまな特性や資質は、それらが他者に許容される一定の幅あるいは強度を有している。そして、そこから少しでも外れる場合に、いじめの標的となるのではなかろうか。言い換えれば、子どもの世界では、「普通」であることが求められ、その「違い」は「間違い」ではないにもかかわらず、排除の対象となる。例えば、学業成績が良好「すぎ」たり、容姿が整い「すぎ」たりする場合においても、いじめ被害にあう可能性は高まるのである。

6　いじめ問題の解消に向けて

いじめ問題には、その解消に向けた万能な方策を提示することは困難である。しかし、少なくとも、これまでのいじめ問題に関するマスコミの報道が、いじめ被害者の実態を把握する責任を、学校や教師に一元化したものであったように、その責任をだれかに、あるいはどこかに「なすりつける」姿勢では、決してこの問題は解消されないということだけは明らかである。

いじめにかかわる子どもたちの周囲にある、家庭、学校、地域社会の三者が連携し、三位一体となって、子どもたちをいかに教育するかについての合意形成に努めなければならないであろう。そして、人間が人間として人間らしい社会生活をおくるために必要な最低限の道徳・規範に対しては、三者が一致団結してその守り手となり、これに向かってくるものははね返す、いわば「壁」の役割を担うことが大切である。また同時に、これらの三者は、それぞれの視点から子どもたちを見つめ、管理しようとしたり、型にはめて締めつけるのではなく、多面的な理解や認識をすることが求められる。それには、何にもまして、

子ども一人ひとりの独自性や特長を、「違い」ではなく、「個性」として認めていく目が必要となるのである。
(原　清治)

　　　　注
(1)　一般的には、教師などがより「注意深く」学級集団を見れば、「発見」されるいじめの数は増加するのであり、その逆もまた言えるのである。
(2)　矢野智司「子どもの〈けんか〉・〈和解〉論に向けて」『ソシオロジ』第34巻1号、社会学研究会、1989年、31-32頁。
(3)　「素直でいい子」であればあるほど、たびたび自らに攻撃を仕掛けてくる他者であっても「友達」だとし、またたとえいじめ被害を自覚していても親や教師に「心配をかけたくない」という思いから、その事実に口をつぐむのである。
(4)　新堀通也「学校の病理構造」浜田陽太郎編『子どもの社会心理2　学校』金子書房、1982年、213-214頁。
(5)　詫摩武俊他編『いじめの問題事例集』ぎょうせい、1988年、302頁。
(6)　これには2つの形が考えられる。すなわち、いじめ加害者の暴行による被害者の致死と被害者の自殺である。
(7)　例えば、1985年にいじめ問題が「社会問題化」されて以来、これには関連統計上及び新聞報道上、1985〜1986年と1994年の2つのピークがあったとされるが、この2つのピークはいずれも「いじめに起因する自殺」をきっかけに始まったものと考えられる。
(8)　当然その責任は、いじめ被害者の保護者にも生じるはずであるにもかかわらず、である。

参考文献

森田洋司、清永賢二『いじめ』金子書房、1986年。
菅野盾樹『いじめ=〈学級〉の人間学』新曜社、1986年。
柴野昌山『しつけの社会学』世界思想社、1989年。
下村哲夫編『いじめ・不登校』ぎょうせい、1996年。
深谷和子『「いじめ世界」の子どもたち』金子書房、1996年。
佐伯胖ほか編『いじめと不登校』岩波書店、1998年。
山内乾史・原清治『学力論争とはなんだったのか』ミネルヴァ書房、2005年。

> # 7章 教科書を考える

1 教科書とは

 教科書の起源をたどると、古代の聖書や四書五経にまでさかのぼることができる。なかでもコメニウスの『世界図絵』(1658年) は、世界最初の絵入り教科書として有名であり、近代教科書の原型とされている。
 日本では教科書を使った授業形態が一般的であるが、国際的にみれば必ずしもそうであるとは限らない。教科書は、法令上、教科用図書と呼ばれることが多く、小学校、中学校、高等学校等における「教科課程の構成に応じて組織排列された教科の主たる教材として、教授の用に供せられる児童又は生徒用図書であつて、文部科学大臣の検定を経たもの又は文部科学省が著作の名義を有するもの」(教科書の発行に関する臨時措置法) などと定義されている。
 ところで、現在教科書が児童・生徒の手に渡るまでの過程は〈編集〉→〈検定〉→〈採択〉→〈製造・供給〉という流れになっており、それに対応して種々の制度が整えられている。ここでは、日本の教科書を中心にその制度や問題状況について考えてみよう。

2 教科書制度

(1) 編集制度

 公教育における教科書編集制度は、国家関与の度合いに応じて大きく3通りの方法がある。民間で自由に教科書を作成・発行できる自由発行制度、民間で作成した原稿を審査して合格したものだけを教科書として認める検定制度、民間での作成を認めず国家自らが教科書を作成する国定制度がそれである。これ

らは、自由発行制→検定制→国定制の順に国家による教育内容統制の度合いが強まっていくことになる。そしてこの図式は、近代的な学校教育制度が整備され始めた明治初期以降いわゆる戦後教育改革が実施されるまでの日本の教科書編集制度の変遷とほぼ一致しているのである。

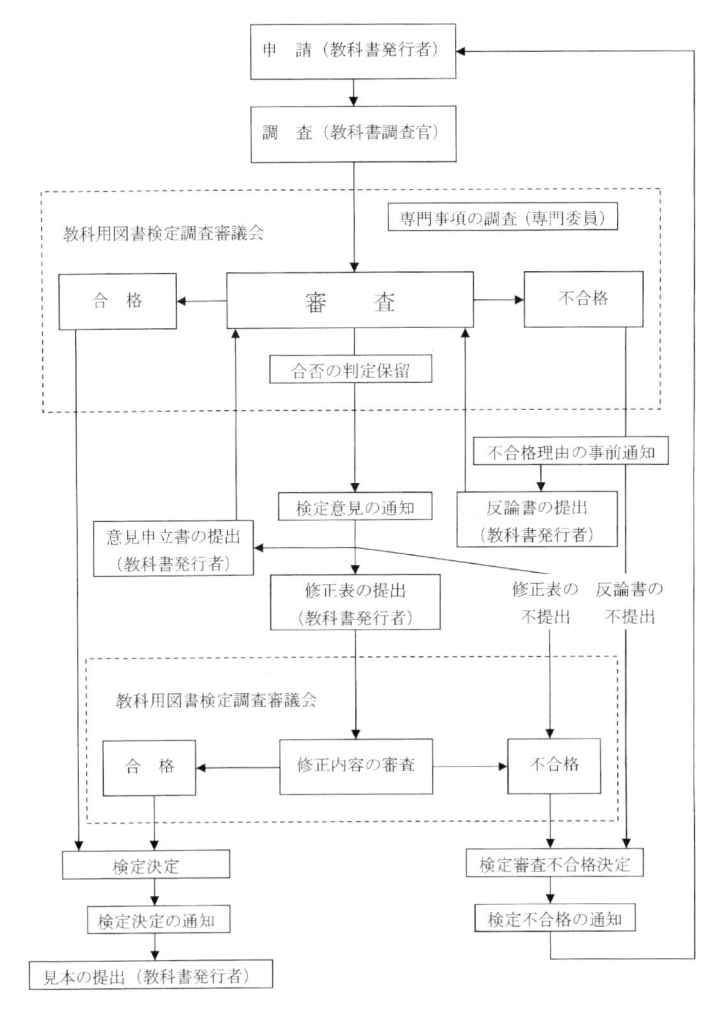

図1　検定の手続き
（文部科学省ウェブページ内「教科書制度の概要」に基づき作成）

さて、戦後日本では検定制度が採用されていることはよく知られているが、その具体的な手続きは教科用図書検定規則や同規則実施細則などで定められており、その概略は図1（49頁）のようになっている。

(2) 採択制度

　採択とは、複数種類ある教科書の中から実際に使用する教科書を1種類選定することをいう。したがって通常、国定制度では採択制度は不要であり、自由発行制度や検定制度において必要となるものである。現行の採択制度において採択の権限は、公立学校の教科書はその学校を設置する市町村や都道府県の教育委員会に、また、国立学校や私立学校の教科書は各学校長にそれぞれあるとされている。

　ただし採択制度に関しては、先に述べた編集制度下の教科用図書検定規則に相当する採択規則は定められていない。しかし実際の採択のしくみに関しては、公立の義務教育諸学校の場合、「義務教育諸学校の教科用図書の無償措置に関する法律」（以下、教科書無償措置法と言う）で教科用図書選定審議会や採択地区の設定など基本的な事項が定められており、広域統一採択方式が採用されている。広域統一採択方式とは、都道府県教育委員会が複数の市町村にまたがる採択地区を設定し、さらに同地区内の市町村教育委員会では採択地区協議会を設けて同一地区内で同一教科書を採択するしくみである。この採択地区は、2005年4月現在で全国に583地区（1県平均12地区）が設けられている。

(3) 発行制度

　多くの国民にとって教科書は在学中に利用する教材であり、その点で身近な存在であるに違いない。しかし、その教科書が製造・供給されるしくみに関してはよく知られていないのではないだろうか。現在の発行制度は、1948年制定の「教科書の発行に関する臨時措置法」で教科書展示会や教科書発行の指示、教科書の定価などに関する基本的な事項が定められている。さらに義務教育諸学校の教科書については、教科書無償措置法でも発行者の指定制度などの具体

的な事項が規定されている。また供給に関しては、教科書が各学校に届けられるまでの責任が発行者に課せられており、このため発行者は独自に教科書供給業者と供給契約を結んでいる。

2005年度用教科書を例にみると、教科書発行者数は小学校用15者、中学校用18者、高等学校用47者、特殊教育諸学校7者であり、このうち重複分を除いた発行者総数は60者（義務教育諸学校用は26者）となっている。また、教科書1点当たりの平均定価は、小学校用が344円、中学校用が481円、高等学校用が796円となっている。

3　教科書をめぐる諸問題

(1)　家永教科書裁判── 3つの訴訟 ──

1965年6月、東京教育大学の家永三郎教授が国を相手どり民事訴訟を起こした（第一次訴訟）。家永は、52年から高等学校用社会科教科書『新日本史』を執筆していたが、同書は63年4月に不合格処分を受け、さらに64年3月に約300項目の修正意見（これに応じないと不合格となる）が付けられて条件付合格処分となった。第一次訴訟は、この63年と64年の処分を不服として提訴されたものである。その後、家永は67年3月にも不合格処分を受け、同年6月に文部大臣を相手どり行政訴訟を起こした（第二次訴訟）。さらに家永は、81年1月、83年12月に条件付原稿本審査合格処分となったことなどを不服として84年1月にも国を相手どり民事訴訟を起こした（第三次訴訟）。これら一連の訴訟は家永教科書裁判と呼ばれ、戦後の教育裁判の代表的事例とされている。

家永教科書裁判は3つの訴訟が個別の争点を持ってはいるが、それら3訴訟に共通する意義（ねらい）は、50年代以降の教育政策反動化を背景とした文部省による教育内容行政への不当な介入を告発し、憲法・教育基本法の理念に基づく教育行政のあり方を問う点にあった。

97年8月、提訴以来32年の歳月をかけ日本の教育運動その他に多大な影響を与えた家永教科書裁判はすべて終了したが、この間93年6月には家永教科書裁判の後継と位置づけられる新たな教科書裁判（原告：高嶋伸欣、いわゆる高嶋教科

表 教科書裁判の判決一覧

区　分		制度違憲性	適用違憲性	裁量権濫用
家永一次訴訟	1審(高津判決) 1974.07.16	合憲	合憲	一部認定
	2審(鈴木判決) 1986.03.19	合憲	合憲	不認定 (「相応の根拠」論)
	上告審(可部判決) 1993.03.16	合憲	合憲	不認定 (「看過し難い過誤」論)
家永二次訴訟	1審(杉本判決) 1970.07.17	合憲	違憲	—
	2審(畔上判決) 1975.12.20	判断回避	判断回避	認定
	上告審(中村判決) 1982.06.27	(差し戻し)	(差し戻し)	(差し戻し)
	差戻審(丹野判決) 1989.06.27	(訴えの利益なし)	(訴えの利益なし)	(訴えの利益なし)
家永三次訴訟	1審(加藤判決) 1989.10.03	合憲	合憲	1ヵ所認定 (「相応の根拠」論)
	2審(川上判決) 1993.10.20	合憲	合憲	3ヵ所認定 (「看過し難い過誤」論)
	上告審(大野判決) 1997.08.29	(合憲)	合憲	4ヵ所認定 (「看過し難い過誤」論)
高嶋訴訟	1審(慶田判決) 1998.04.22	合憲	合憲	2ヵ所認定 (「看過し難い過誤」論)
	2審(北山判決) 2002.05.29	合憲	合憲	不認定 (「看過し難い過誤」論)
	上告審(横尾判決) 2005.12.01	合憲	合憲	不認定 (「看過し難い過誤」論)

書訴訟)が起こされている。今日までに家永教科書裁判及び高嶋教科書訴訟において示された判決のポイントは表の通りである。

(2) その他の問題

今日における日本の教科書を取り巻く問題状況は、前節で述べた教科書裁判に示されるような教育内容行政にかかわるものだけではない。編集制度に関しては、2001年春以降顕在化した「新しい歴史教科書をつくる会」主導の中学校歴史教科書をめぐる問題がアジア近隣諸国との外交問題にまで再燃している。また、採択制度に関しては、教科書の無償措置と引き換えに学校（教師）の教科書採択権が奪われ、教育委員会の責任が強調されるようになってきている。さらに、国の行財政改革の文脈から教科書無償措置の一部廃止が議論されたり、教科書の使用義務をめぐる問題や教科書以外の教材（副教材）の取り扱いをめ

ぐる問題なども存在している。しかし、より本質的な問題として、国民や教育関係者の手が届かないところで教科書にかかわる政策が構想され、教科書行政が行われている現状があり、これを見過ごしてはならないであろう。

4　教科書の未来

　教科書は、学校教育における有用な教材として位置づけられる。〈「教科書を教える」のではなく「教科書で教える」〉といわれることがあるが、それは教科書という単一教材のみに依拠する教育形態（いわゆる教科書信仰）に対する1つの警告である。

　マルチメディア時代といわれる今日、さまざまな場面においてニューメディアを利用した教育・学習環境が整いつつある。そうした新たな環境が生み出されていく中で、学校教育における教科書の位置づけも変化していくことになるであろう。ただしその変化は、単なる教科書無用論的なものであってはならず、一教材としての教科書の長所・短所を十分に検討した成果をふまえたものでなければならない。その意味からも、われわれは日頃から教科書に関心の目を向け、教科書の内容や制度に対する非教育的な干渉を監視しつづけ、よりよい教科書づくりを支援する必要がある。

（山口拓史）

参考文献

柿沼昌芳・永野恒雄編『教科書論争を超えて』1998年、批評社。
J.A. コメニウス、井ノ口淳三訳『世界図絵』1995年、平凡社。
徳武敏夫『教科書の戦後史』1995年、新日本出版社。
浪本勝年・大槻　健・永井憲一『教科書制度改革への提言』1989年、あずみの書房。

8章 教職員を考える

　学校は、子ども（幼児・児童・生徒）の「教育を受ける権利（学習権）」（憲法26条）を保障するために、教職員を配置し、施設設備を整え、教育課程を編成して、教育活動を展開していく機関である。「教育は学校次第、学校は教師次第」と言われるように、教育活動において、教員及び職員（教職員）の果たす役割の重要性は、いくら強調してもし過ぎることはない。

　教職員の身分は、国家公務員と地方公務員、それに私立学校の教職員の3種類に大別されている。国立諸学校の教職員は国家公務員で、公立諸学校の教職員は地方公務員である。本章では、国・公立の教職員に限定し、さらに考察の課題を主要な数点に絞って論じていくことにする。

1　教職員の種類

　学校には、さまざまな教職員が配置されることになっている。学校に置かれる教職員には、校長、教頭、教諭、助教諭、養護教諭、養護助教諭、講師、事務職員、実習助手、寄宿舎指導員、学校栄養職員などがある。これらの教職員のうちにも、「置かなければならない」教職員、「置かないことが出来る」教職員、「置くことができる」教職員の別がある。

　学校の機能を十全に果たすためには、最重要課題として、教職員の充実を図る必要がある。その意味からも、助教諭、養護助教諭、講師などを置かずに正規の教諭、養護教諭で充てるようにすることが緊要の課題である。

2　教職員の配置基準と定数

　学校における教職員の配置については、法律で定められている。

教諭の配置基準は、小学校においては各学級毎に専任の教諭1人以上、中学校においては1学級当り教諭2人となっている（学校教育法施行規則22条、52条）。

　公立の義務教育諸学校の教職員の定数については、「公立義務教育諸学校の学級編制及び教職員定数の標準に関する法律」によって学校の種類、職（校長、教頭、教諭、その他）の種類、学校規模等などによって、細かく定められている。

表　小・中学校教職員定数配当基準表

小学校							中学校						
学級数	教員定数				事務職員定数	計	学級数	教員定数				事務職員定数	計
	校長	教頭	教諭	養護教諭				校長	教頭	教諭	養護教諭		
6	1	1	8	1	1	12	6	1	1	10	1	1	14
9	1	1	11	1	1	15	9	1	1	14	1	1	18
12	1	1	14	1	1	18	12	1	1	18	1	1	22
14	1	1	17	1	1	21	15	1	1	23	1	1	27
18	1	1	21	1	1	25	18	1	1	27	1	1	31

小学校教員配置例

学級数	全科	音楽	図工	家庭	計
6	6	1	1		8
9	9	1	1		11
12	12	1	1		14
14	14	1	1	1	17
18	18	1	1	1	21

学級編制の基準

一学年の人数	学級数	一学級の人数
40人以下	1	40人以下
41〜80	2	20〜40
		21〜40
		27〜40
81〜120	3	27〜40
		27〜40

中学校教員配置例

学級数	国語	社会	数学	理科	音楽	美術	保健体育	技術	家庭	英語	計
6	1	1	1	1	1	1	1	1	1	1	10
9	2	2	2	1	1	1	2	1	1	1	14
12	3	2	2	2	1	1	3	1	1	2	18
15	3	3	3	3	2	1	3	1	1	3	23
18	4	4	4	3	2	2	3	1	1	3	27

「準公選だより」（76号、1997.12.15）より

この法律は、2001年3月31日一部改正され、個々の子どもの学力や教育要求に見合った指導が展開できる可能性が出てきた。たとえば、埼玉県の志木市では、2002年度から同市立小学校の1・2年生を対象に「25人学級」を実施する。この点に関連し、文部科学省財務課は「学級編成の基準は都道府県がつくるが、国も教科によっては20人程度の授業を計画しており、志木市の動向に注目したい」と話している（朝日新聞2001.8.24 夕刊）。

3　教職員の服務と職務

　公務員としての教職員の服務については、憲法や法律で規定されている。公務員の服務については、憲法15条2項が「すべて公務員は、全体の奉仕者であって、一部の奉仕者ではない」と規定している。この規定を受けて、地方公務員法30条が「すべて職員は、全体の奉仕者として公共の利益のために勤務し、且つ、職務の遂行に当っては、全力を挙げてこれに専念しなければならない」と、服務の根本基準を定めている。これらの規定は教員にも適応されるが、教員の場合、さらに教育基本法第6条で「法律に定める学校の教員は、全体の奉仕者であって、自己の使命を自覚し、その職責の遂行に努めなければならない」と、その使命と職務遂行の責任が強調されている。

　教員の服務については、教育公務員特例法に詳細に規定されている。教育公務員特例法は、「教育を通じて国民全体に奉仕する教育公務員の職務とその責任の特殊性に基き、教育公務員の任免、分限、懲戒、服務及び研修について規定」（同1条）したものである。

　教職員の服務の主要なものは、①法令等および上司の職務上の命令に従う義務（地方公務員法32条）、②信用失墜行為の禁止（同33条）、③秘密を守る義務（同34条）、④職務に専念する義務（同35条）、⑤政治的行為の制限（同36条、教育公務員特例法21条の3）、⑥争議行為等の禁止（同37条）、⑦営利企業等の従事制限（同38条）などである。

　ただし教育公務員には、兼職の特例が認められている。すなわち「教育公務員は、教育に関する他の職を兼ね、又は教育に関する他の事業若しくは事務に

従事することが本務の遂行に支障がない場合には、給与を受け、又は受けないで、その職を兼ね、又はその事業若しくは事務に従事することができる」(教育公務員特例法21条1項)ことになっている。

教職員の職務の内容については、学校教育法28条その他で規定されている。例えば教諭の職務は、児童(幼児・生徒)の教育(保育)をつかさどることであり(学校教育法28条⑥・40条・51条・76条・81条⑥)、校長のそれは、校務(園務)をつかさどり、所属職員を監督することである(同28条③・40条・51条・76条・81条③)。

学校には、教育活動を円滑に推進していくために必要ないろいろな校務が存在する。教育活動に密接に係わっている校務については、校務分掌として教員が担当することになる。

4 教職員の身分保障

国公立学校の教職員の身分保障については、教育基本法6条で「教員の身分は、尊重され、その待遇の適正が、期せられなければならない」と定められているほか、国家公務員法や地方公務員法においてより詳細に規定されている。

職員の分限や懲戒については、公正でなければならないし、職員は法律で定める事由による場合でなければ、その意に反して降任、免職、休職されることがない(地方公務員法27条・28条)。

職員が降任、免職される場合は、①勤務実績が良くない場合、②心身の故障のため、職務の遂行に支障があり、又はこれに堪えない場合、③その職に必要な適格性を欠く場合、④職制若しくは定数の改廃又は予算の減少により廃職又は過員を生じた場合、である(地方公務員法28条1項)。

職員が休職にされる場合は、①心身の故障のため、長期の休養を要する場合、②刑事事件に関し起訴された場合、である(地方公務員法28条2項)。

職員が懲戒処分として戒告、減給、停職又は免職の処分を受ける場合は、①法律、条例、規程に違反した場合、②職務上の義務に違反し、又は職務を怠った場合、③全体の奉仕者たるにふさわしくない非行のあった場合、である(地

方公務員法29条)。

　県費負担教職員の免職及び都道府県の職への採用については、地方教育行政の組織及び運営に関する法律の47条の2に規定されている。同条では、「一　児童又は生徒に対する指導が不適切であること。二　研修等必要な措置が講じられたとしてもなお児童又は生徒に対する指導を適切に行うことができないと認められること」のいずれにも該当する教員を免職し、当該都道府県の常勤職に採用することができると定めている。いわゆる指導力不足教師に対する規定であるが、その適用は慎重に進められるべきであろう。

5　教員研修の性格と形態

　「研修なくして、教育なし」と言われているように、教員がその教養を高め、専門的知識と教育技術の研鑽に努め、資質向上を図っていくことは、その職責遂行上、きわめて重要なことである。

　教員の研修の性格は、「その職務能率の発揮及び増進」のために任命権者によって与えられる一般公務員の研修（地方公務員法39条）と比較して、より自主的で自律的な性格を有していると言える。これは、教育公務員の研修が、「その職責を遂行するために、絶えず研究と修養に努めなければならない」（教育公務員特例法21条1項）とされ、任命権者が「それに要する施設、研修を奨励するための方途その他研修に関する計画を樹立し、その実施に努めなければならない」（同21条2項）とされていることからも言い得ることである。

　さらに教育公務員には「研修を受ける機会が与えられなければならない」（同22条1項）こと、教員は「授業に支障のない限り、本属長の承認を受けて、勤務場所を離れて研修を行うことができる」（同22条2項）こと、「任命権者の定めるところにより、現職のままで、長期にわたる研修を受けることができる」（同22条3項）ことが定められている。

　教育公務員の研修形態は、研修の主体、場所、時期、対象、内容、方法などによって、さまざまに分類できる。

　職務との関係では、行政解釈によれば、①勤務時間外に行われる自主的な研

修、②職務命令による研修、③職務専念義務の免除を受けて行われる研修、の3つがある。

研修主体では、①自主研修、②校内研修、③行政研修などがある。

研修の時期・対象・内容では、①初任者研修、②主任・中堅者研修、③管理職研修、④海外・大学院などへの派遣研修などがある。

例えば、1989年度から実施されている初任者研修（採用の日から1年間の教諭の職務の遂行に必要な事項に関する実践的な研修）は、教育公務員特例法第23条に基づく行政研修の1つである。また、大学院設置基準14条（教育方法の特例）に基づく大学院への現職教員の派遣制度は、教育公務員特例法22条3項の規定に基づき、出張命令によって行われる研修に該当する。

教員の研修の自主性自発性を理由に、職務命令による行政研修への参加を否定することを主張する人々がいるが、この主張は正しくない。教員は、その職責を十全に遂行するために、あらゆる機会を通して、絶えず自主的自発的に研修に努めることが求められているのである。

（中谷　彪）

参考文献

文部省地方教育行政研究会編『全訂・教師の権利と義務』第一法規出版、1976年。
伊津野朋弘『教師の権利と責任』教育開発研究所、1988年。
田原迫龍磨編著『現代教育の法制と課題』第一法規出版、1994年。
仙波克也他編著『教育法規要説』コレール社、1998年。

9章 教育委員会を考える

　本章では、日本の教育行政において重要な役割を果たしている教育委員会の創設の意義、歴史及び今日的課題などについて述べていくことにする。

1　教育委員会の誕生──戦後教育行政改革と教育委員会──

　第二次世界大戦後の教育行政制度改革は、アメリカ教育使節団に協力するために設置された日本側教育家委員会の「報告書」及び「第一次アメリカ教育使節団報告書」に示された提言をもとに、日本側教育家委員会が拡充・改組された教育刷新委員会がリーダーシップをとって進められた。占領軍の影響下にあったとは言え、日本側委員会の報告書はいち速く、教育委員会制度について研究し、府県に法律をもって地方教育委員会を設けることを提言していた。

　新しい教育を実施するためには、そのための準備、条件の整備が必要になる。このことを教育基本法第10条第2項は「教育行政は、この自覚のもとに、教育の目的を遂行するに必要な諸条件の整備確立を目標として行われなければならない」と規定している。つまり教育行政は、教育が自主的に行われるための条件を整備することを任務とし、教育の内的事項に対する権力的統制や介入をしてはならないというのである。

　この新しい地方教育行政を担うべく導入されたのが教育委員会制度である。戦後教育行政改革は、①民主化（民衆統制）、②地方分権、③一般行政からの独立の3原則に則って進められ、それらを具体化したのが教育委員会法（1948年）に基づく教育委員会制度であった。教育委員会は都道府県と市町村に設置され、地域の住民の選挙によって選ばれた（公選制）教育委員が、一般行政から相対的に独立して、憲法・教育基本法の理念に則り、地域の特性を活かした教育が

実現する教育行政を行うことをその任務とした。しかしながら教育委員会制度は、独自の財源をもたないなどいくつかの限界をもつ制度でもあった。教育委員の選挙は1948年、1950年、1952年の計3回行われ、教育委員会制度は定着しようとしていたが、次に述べるように教育委員会法を強権的に全面改正するかたちで地方教育行政の組織及び運営に関する法律（地教行法）が制定され、これに伴って教育委員会の性格も大きく変わることになった。

2　教育委員会の歴史

(1)　教育委員会制度の改変——公選制から任命制へ——

1950年、朝鮮戦争が始まるとアメリカの占領政策は大きくその性格を変化させた。これに呼応して国内の政策も大きく変化し、教育政策・教育行政も戦後改革の理念・構想を大きく逸脱していく。「第二次アメリカ教育使節団報告書」（1950年）、政令改正諮問委員会の「教育制度の改革に関する答申」（1951年）はこうした変化を反映したものであった。戦後の混乱から立ち直りつつあった経済界の教育要求もこれに加わって、教育委員会制度を大きく変えることとなる。

教育委員会法にかわって地教行法が制定されたのは1956年であった。同法は国会に警官隊を導入して強行採決された。

提案理由では、地教行法は、①教育行政と一般行政との調和、②政治的中立性の確保、③国、都道府県、市町村の一体的な教育行政をめざすものと説明された。しかし、教育委員の選出方法が公選制から首長による任命制に変わったこと、教育長の任命に先立って承認が必要とされたこと、文部大臣に措置要求権が与えられたことなどで、戦後教育行政改革の3原則は、ことごとく否定されてしまった。

たとえば地教行法第46条に定められた教職員に対する勤務評定（勤評）は、教育長協議会の示した「試案」を踏襲して、いずれの都道府県でも画一的に校長を評定者、市町村の教育長を調整者として実施された。このことは地方自治の尊重という立場からも問題であるが、それ以上に、全国的に画一的な評定が行われ、それが教職員組合運動に対する弾圧の性格を帯びる面もあったため、

教師の教育の自由が侵害されるという重大な問題をもつものであった。1950年代半ば以降、勤評の実施をめぐって多くの闘争が行われ、裁判にまで発展した（勤評裁判）。

　また地教行法第33条によって教育委員会が定めることを義務づけられた教育委員会規則（学校管理規則）の問題もある（規則制定は1999年の法改正によって任意規定となった）。学校管理規則の内容は、教育管理、組織管理、人的管理、物的管理の全領域に及び、学級編成、教育課程、教科書、校務分掌、服務監督など教育の内的事項・外的事項を網羅するものとなっているため、各学校の運営上の自主性が侵害される恐れがある。職員会議の性格を諮問機関あるいは補助機関と一方的に定める規則や、教育課程の編成主体を校長であると定める規則など、この恐れが現実のものとなった例も少なくない。

　総じて地教行法の目的とされた上記3点は、①教育行政を一般行政に従属させ（自主性・自律性の侵害）、②ときどきの政治勢力の影響を受け、③教育行政の中央集権的性格を強化したと言えよう。

(2) 東京・中野区の準公選制

　地教行法によってその性格を大きく変えた教育委員会制度であったが、この法律の枠内で住民の教育意思を公正に反映した教育委員の選出を実現しようとする動きも現れてきた。その典型が東京・中野区で実施された教育委員の準公選である。1978年12月に中野区議会で可決された「中野区教育委員候補者選定に関する区民投票条例」は、区長が教育委員を任命するのに先だって区民投票を実施し、その結果を「参考」にして任命を行う仕組みであった。1981年2月には第1回の区民投票が行われ、この結果を参考に新しい教育委員3名が任命された。住民意思の公正な反映という理念を活かそうとする中野区の試みは大きな反響を呼んだ。中野区は教育委員の住民投票を「教育委員候補者選び」と呼び、これを一般の政治選挙とは異なる「自治と参加と公開」による「文化的投票制度」と位置づけた。「教育委員候補者選び」は、①公職選挙法に基づく投票制度とは異なり、区独自の条例・規則および区長と立候補者による協定に

基づくものであり、②従って、推薦立候補制、対話集会・戸別訪問などの自由、郵便投票制など、選出方法もユニークである、③また住民投票によって選ばれるということが候補者に住民代表性を強く意識させること、④そして何より、区民自らが教育行政に参加し、そのなかで教育や教育行政について議論し学ぶ場とすることができるという、教育行政における住民統制原理を具体化するにふさわしい制度であった。しかし、一部政党の反発も強く、住民投票制度は1995年に廃止された。翌1996年には「中野区教育委員候補者区民推薦制度要綱」が、1997年には「中野区教育行政における区民参加に関する条例」が制定されるなど、教育と教育行政を住民自らの手で創りあげようとする努力がつづけられている。

3 教育委員会の新しい仕組み──1999年の改革とその意味──

(1) 1999年法改正までの地教行法下における教育委員会

教育委員会法を廃止して1956年に新たに制定された地教行法下の教育委員会制度は概略次のようなものであった。

教育委員会は都道府県、市町村、及び市町村の組合に設置される（地教行法2条）。委員は議会の同意を得て首長によって任命され（都道府県・市町村教委では5名、ただし町村教委では3名でもよい、同3条）、その任期は4年である。教育委員会は教育長を任命する。教育長の任命に当たっては、市町村教委の場合は都道府県教委、都道府県教委の場合は文部大臣の事前の承認を得なければならない。なお、市町村教委の教育長は、都道府県の場合と異なり、教育委員の中から選ばれる（地教行法16条）。教育委員会にはこの他に、指導主事、事務職員、技術職員その他の所要の職員をおくこととされている（同19条）。教育委員会の職務権限は、学校の設置・管理・廃止、教育職員の任免、児童・生徒の就学、教科書の取り扱い、社会教育など、多岐にわたっている（地教行法23条参照）。

各教育委員会は基本的には独立した行政機関として機能するが、文部大臣に措置要求権が認められている（同52条）ほか、機関委任事務が多いため、教育委員会独自の行政（固有事務）は質・量ともに制限されることが多い。

(2) 地方分権化への動き

1990年代に入り、「地方分権」、「規制緩和」をキーワードとする改革が進められている。教育行政に関しても例外ではなく、機関委任事務の廃止や、教育長の承認制の廃止、教育委員の選任方法の改善、事務処理の広域化、教職員人事の見直し、学校管理規則の見直しなどを中心に議論がつづけられてきた。

こうした議論の結果、1996年12月から1997年10月にかけて発表された地方分権推進委員会の四次にわたる勧告、これをうけた「地方分権推進計画」(1998年5月)、中央教育審議会答申「今後の地方教育行政の在り方について」(1998年9月)、さらに1998年11月の地方分権推進委員会「第五次勧告」などをふまえ、1999年7月に地方分権の推進を図るための関係法律の整備等に関する法律が公布された。

同法の趣旨は、行政執行における国と地方公共団体の役割分担の明確化、地方公共団体の自主性・自立性の向上を図り、地方分権を推進することとされている。この法律により、①機関委任事務制度の廃止と事務区分の再構成、②国の関与等の縮減、③権限委譲の推進、④必置規制の整理・合理化、⑤地方公共団体の行政体制の確立の観点から、関係法律475の改正が行われた。文部省関係でも21の法律が改正された。

(3) 地教行法改正と教育委員会制度

地教行法改正（1999年）の主な内容としては、次の点があげられる。

①都道府県の加入する組合に教育委員会を設置できるようにする（2条）、②都道府県・指定都市の教育委員数を5名または6名とする（3条）、③教育長の任命承認制度を廃止する（16条）、④都道府県・指定都市教育委員会の教育長を教育委員のうちから任命する（16条）、⑤文部科学大臣から都道府県または市町村、都道府県から市町村に対する指導・助言・援助を義務規定（行うものとする）から任意規定（行うことができる）にあらためる（48条）、⑥都道府県教育委員会から市町村教育委員会への事務の委任等と委任事務に関する指揮監督を廃止する（49条削除）、⑦市町村立学校等の組織編制等に関する都道府県教育委員会の

基準設定を廃止する（学校管理規則準則の廃止）（49条削除）、⑧市町村立高等学校の通学区域は市町村教育委員会が都道府県教育委員会との協議を経て定めることとする（50条）、⑨文部大臣の措置要求制度を廃止する（52条削除）。⑩指定都市の県費負担教職員の任免、給与の決定、休職及び懲戒に関する事務を当該都市の教育委員会が行うこととする（58条）、⑪中核市の教育委員会が県費負担教職員の研修を行えるようにする（59条）。

さらに2001年7月11日には教育改革関連六法のひとつとして地教行法の一部を改正する法律が公布された。主な改正点は、①教育委員の構成を多様化し保護者の登用を推進する（4条）、②会議を原則公開とする（13条）、③教職員人事に関して校長の意向を一層反映させる（38条）、④指導が不適切な教員を教員以外の他の職に異動させる（47条の2）、などである。

これら一連の改正は、地方教育行政に地域住民・保護者の意向をより的確に反映させ、教育委員会の活性化を図るための措置と説明されている。また、以上のような改革の背景には教育委員会制度の形骸化に対する強い懸念があるとも言われている。しかし、形骸化の原因、すなわち戦後改革期に提起された改革理念がその後の政策や制度改革によって実現されないままに現在に至っていることへの反省は見られない。

第28次地方制度調査会の「地方の自主性・自立性の拡大及び地方議会のあり方に関する答申」（2005年12月9日）では教育委員会の設置を選択制にする提言がなされた。このことは今日委員会制度そのものの存廃が問われはじめたことを意味する。それだけに教育における住民自治、住民参加、子ども・父母の参加、教師の専門（職）性の確保とその活用など、教育委員会制度が実現しようとして未だ果たせない課題は、その重要性を増していると言える。教育行政における民衆統制の実現は、教育を真の意味で住民のものとして再編するための基礎的な条件である。

（藤本典裕）

10章 文部科学省を考える

　文部科学省（英語の表記は、Ministry of Education, Science, Sports, Culture and Technology）は、2001年1月6日、中央省庁の再編により130年にわたって存在してきた文部省が従前の科学技術庁を統合して誕生した1府12省庁の一つであり、日本における唯一の中央教育行政機関である。文部科学省設置法（1999年7月16日、法96）によれば、新しく発足した文部科学省の任務が、次のように定められている。

　「文部科学省は、教育の振興及び生涯学習の推進を中核とした豊かな人間性を備えた創造的な人材の育成、学術、スポーツ及び文化の振興並びに科学技術の総合的な振興を図るとともに、宗教に関する行政事務を適切に行うことを任務とする。」（3条）。

　内閣総理大臣（現在は、小泉純一郎衆議院議員）が任命する国務大臣の中から文部科学省担当者が選任されるが、それが文部科学大臣（現在の第5代文部科学大臣は、小坂憲次・衆議院議員＝自民党）で、「文部科学省の長」（同法2条2項）である。

　この章では、19世紀及び20世紀の中央教育行政機関について触れる際には、当時の名称である文部省を使用し、21世紀の場合には、文部科学省との名称を用いることとしたい。

1　戦前における文部省の役割

　日本における近代的な学校制度は、1872（明治5）年の「学制」（文部省布達13別冊）をもって始まるが、文部省の歴史は、その前年からスタートする。すなわち、文部省は、1871（明治4）年に設置された。現在の文部大臣に相当する文部省の長は、当時、文部卿（初代は、大木喬任）と言われていた。内閣制度が、1885年に創設（初代内閣総理大臣は、伊藤博文）され、森有礼が初代文部大臣（1886.12.12－89.2.12）に就任した。翌1886年の各省官制・文部省（勅令2）において、

文部大臣の職務は、「教育学問ニ関スル事務ヲ管理ス」（1条）と規定された。

　森は、1886年、帝国大学令（勅令3）、師範学校令（勅令13）、小学校令（勅令14）及び中学校令（勅令15）の公布をとおして、近代的な学校制度を整備していった。同時に、この小学校令（13条）及び中学校令（8条）において「教科書ハ文部大臣ノ検定シタルモノニ限ルヘシ」と規定し、教科書検定制度を初めて導入した（師範学校も事実上同様の措置がとられた）。その後、大日本帝国憲法の発布（1889年2月11日）及び教育ニ関スル勅語（教育勅語）の渙発（1890年10月30日）を経て、文部省の文教政策は、次第に天皇制に基づく国家統制色の濃いものになっていった。

　文部省は、1903年の小学校令一部改正（勅令74）により「小学校ノ教科用図書ハ文部省ニ於テ著作権ヲ有スルモノタルヘシ」（24条）と規定し、小学校に教科書国定制度を採用することした。また、1913年の文部省官制中改正（勅令173）により、文部大臣の職務を「教育、学芸及宗教ニ関スル事務ヲ管理ス」（1条）と規定した。戦時下の1934年に思想局を設置し、1937年に『国体の本義』を刊行したこと、及び小学校国定教科書の内容の変遷に見られるように、文部省の文教政策は、次第に軍国主義的・超国家主義的なものになり、国民を無謀な戦争へと駆り立てていくことに大きな役割を果たした。

2　第二次世界大戦後における文部省

　敗戦直後の教育改革において、戦前における文部省の在り方に対する反省から、文部省を廃止し、中央教育委員会、文化省あるいは学芸省を置くという改革案が提出されたこともあったが、1949年の文部省設置法（法146）の制定により、その存続が「文部省」という名称のまま決まった。ただし、教育基本法（1947年、法25）は、教育行政の在り方を、次のように規定している。

　「教育は、不当な支配に服することなく、国民全体に対し直接に責任を負って行われるべきものである。」との自覚のもとに、「教育の目的を遂行するに必要な諸条件の整備を目標として行わなければならない。」（10条）

　教育基本法案の提案理由（1947.3.14）においては、この10条は、「教育行政の

任務の本質とその限界を明らかにいたした」[(1)]と述べられている。すなわち、教育行政は、教育のいわゆる外的事項（物的な施設・設備）の整備に基本をおき、教育内容に関しては、専門的又は技術的な指導及び助言を行うこととされたのである。したがって、「文部省は、その権限行使に当って、法律（これに基づく命令を含む。）に別段の定がある場合を除いては、行政上及び運営上の監督を行わないものとする。」（旧文部省設置法6条2項）と規定されていたのである（文部科学省設置法ではこの規定が削除されたが、これは大きな問題である）。

　このように戦後の文部省は、文部省設置法案の提案理由（1949.4.25）において述べられているように、その「機構を簡素化」するとともに「戦後の教育の民主化を推進するにふさわしい中央教育行政機構を設ける必要から」「従来の中央集権的監督行政の色彩を一新して教育、学術、文化のあらゆる面について指導助言を与え、またこれを助長育成する機関」[(2)]として新しくスタートしたのである。

　しかし，朝鮮戦争勃発（1950.6.25）以降のいわゆる逆コースの中で、文部省は失地回復につとめ、再びその権限強化を図っていった。その象徴的なものが、学者文相制から党人文相制への変化である。すなわち、敗戦直後の前田多門文相（1945.8.18-46.1.13）から天野貞祐文相（1950.5.6-52.8.12）まで続いた学者文相制が廃止され、政府・与党の一員である党人の岡野清豪文相（1952.8.12-53.5.21）が、1952年に登場したことである（これ以後、今日に至るまでわずかの例外を除き基本的には党人文相制が続いている）。このことをきっかけとして、教育に対する国家統制が急速に展開する。その具体例を、3点のみ挙げてみよう。

① 　教科書検定権の文部大臣への一元化（学校教育法・教育委員会法等の改正、1953.8.5）

　　戦後教育行政の地方分権化により、都道府県教育委員会がその管轄下の学校において使用する教科書の検定を行うこととされていた（教育委員会法50条2号）が、当時の用紙事情から、文部大臣が暫定的に行使していた検定権を、教育委員会から文部大臣に移行した。

② 　地方教育行政の組織及び運営に関する法律（1956.6.30、法162）の制定

教育委員を従来の公選制から首長による任命制(4条)に改めたこの法律(それゆえ一般に任命制教育委員会法と呼ばれている。)は、文部大臣に都道府県教育長の承認権（16条）や措置要求権（52条）などを付与したが、文部省による全国一斉学力テスト（1961-64）の法的根拠（53・54条）とされるなど、実質的に教育行政の中央集権化を企図・促進したものであった。
③　教科書調査官制度の創設（1956.10.10）
　　上記①で触れた文部大臣による教科書検定強化のため、教科用図書検定調査審議会の委員（非常勤職員）を16人から80人にするとともに、あらたに教科書検定に当たる専任の職員である教科書調査官（40人）を新設した。
　こうして、文部省は、1960年代以降、文部官僚の都道府県教育委員会への出向（教育長、学事課長等々として）をとおして、教師に対する勤務評定の実施、能力主義に基づく学校多様化政策を推し進め、日本教職員組合（日教組）との間で対立を深めていった。しかし、その後、1980年代前半に運動方針を巡る対立から日教組は事実上分裂し、新たに全日本教職員組合（全教）が誕生した（1989年）。また政界再編成の影響も受け、日教組は、1995年、文部省との歴史的な和解を行った。
　戦後一貫して道徳教育の強化を推進してきた文部省ではあるが、高石邦男文部次官（当時）がリクルート・コスモス株譲渡問題で、「家内がやったこと」とのウソの釈明（1988.11.3）を行って問題となったリクルート事件「文部省ルート」に関連し、文部省は、1989年、東京地方検察庁特別捜査部から11もの課が強制捜査を受けるという前代未聞の事件を起こしたのである（1989.3.29）。
　1990年代後半の行政改革議論の中で、厚生省・大蔵省・防衛庁さらには日本銀行等々の幹部によるおごりに基づく数々の汚職事件が発覚し、中央省庁の再編論議が規制緩和や地方分権などの施策を中心に行なわれた。
　中央教育審議会は、「今後の地方教育行政の在り方について（答申）」（1998.9.21）中で従来のトーンと異なる教育長の任命承認制の廃止や学校協議員構想などを盛った改善方策を打ち出し、そうした方向での改善が進められた。
　故・小渕恵三首相は、2000年3月27日、首相の私的諮問機関として教育改革

国民会議を発足させた。森喜朗・前内閣のもと、町村信孝・初代文部科学大臣は、「教育改革国民会議報告―教育を変える17の提案―」(2000年12月22日)をそのまま文部科学省の基本政策に取り込み、「21世紀教育新生プラン」(2001年1月25日)を発表した。文部科学省は、このプランに基づき、改革の「第1ステージ」(緊急に対応すべき事項)として2001年の第151回通常国会に教育改革関連6法案(巻末p.108参照)を提出し成立させた。その後、現在までに、改革の「第2ステージ」(教育基本法の見直し、教育振興基本計画の策定)にたどりついているところである。

3　文部科学省の組織

文部科学省(定員2,200人、2005.4.1現在)の組織は、本省(定員1,961、同前)と文化庁(定員239人、同前)から構成されている。本省には、現在、内部部局として1官房、7局、1官、及び1庁すなわち大臣官房(文教施設企画部を含む。)のほか生涯学習政策局、初等中等教育局、高等教育局(私学部を含む。)、科学技術・学術政策局、研究振興局、研究開発局及びスポーツ・青少年局及び国際統括官並びに文化庁が置かれている。また、施設等機関等として国立教育政策研究所、科学技術政策研究所等々が設置されている。その他、科学技術・学術審議会等が同法に基づき、また、中央教育審議会及び大学設置・学校法人審議会が政令に基づき設置されている(文部科学省のHome Pageのアドレスは、http://www.mext.go.jp/)。

(浪本勝年)

注
(1)　浪本勝年ほか『ハンディ教育六法(2005年版)』24頁、2005年、北樹出版。
(2)　同上、267~268頁。

参考文献

宗像誠也『教育と教育政策』1961年、岩波書店。
鈴木英一『教育行政』1970年、東京大学出版会。
坂本秀夫・山本廣三編著『文部省の研究』1992年、三一書房。

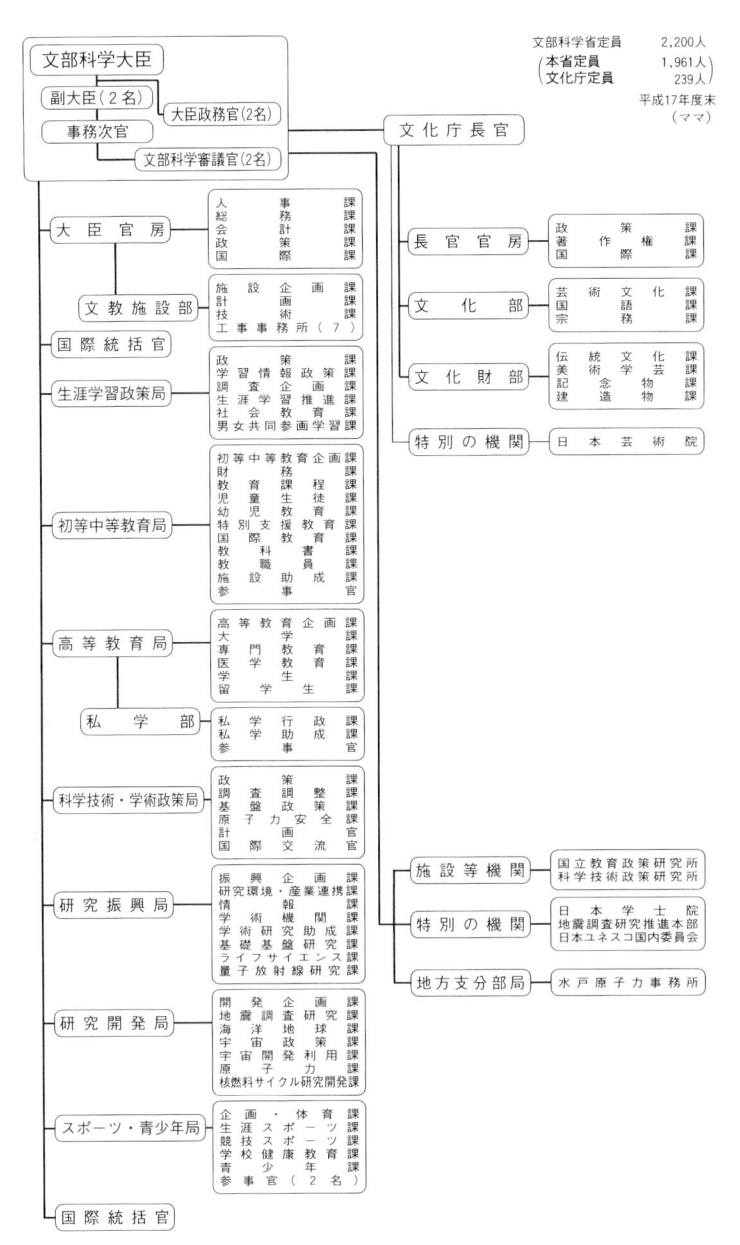

```
                                              文部科学省定員    2,200人
┌──────────────────────┐                      (本省定員     1,961人)
│ 文部科学大臣           │                       (文化庁定員    239人)
│ ┌─────────┬──────────┐│                       平成17年度末
│ │副大臣(2名)│大臣政務官(2名)├────┬─── 文化庁長官      (ママ)
│ ├─────────┼──────────┤    │
│ │事務次官  │文部科学審議官(2名)│    │
│ └─────────┴──────────┘│    │
└──┬───────────────────┘    │
   │                         │
   ├─ 大臣官房 ─┬ 人事課       ├─ 長官官房 ─┬ 政策課
   │          ├ 総務課        │          ├ 著作権課
   │          ├ 会計課        │          └ 国際課
   │          ├ 政策課        │
   │          └ 国際課        ├─ 文化部 ─┬ 芸術文化課
   │                         │         ├ 国語課
   ├─ 文教施設部 ─┬ 施設企画課  │         ├ 文化普及課
   │            ├ 計画課     │         └ 宗務課
   │            ├ 技術参事官   │
   │            └ 工事事務所(7) ├─ 文化財部 ─┬ 伝統文化課
   │                          │           ├ 美術学芸課
   ├─ 国際統括官                │           ├ 記念物課
   │                          │           └ 建造物課
   ├─ 生涯学習政策局 ─┬ 政策課    │
   │               ├ 調査企画課  └─ 特別の機関 ── 日本芸術院
   │               ├ 学習情報政策課
   │               ├ 生涯学習推進課
   │               ├ 社会教育課
   │               └ 男女共同参画学習課
   │
   ├─ 初等中等教育局 ─┬ 初等中等教育企画課
   │                ├ 財務課
   │                ├ 教育課程課
   │                ├ 児童生徒課
   │                ├ 幼児教育課
   │                ├ 特別支援教育課
   │                ├ 国際教育課
   │                ├ 教科書課
   │                ├ 教職員課
   │                ├ 施設助成課
   │                └ 参事官
   │
   ├─ 高等教育局 ─┬ 高等教育企画課
   │            ├ 大学振興課
   │            ├ 専門教育課
   │            ├ 医学教育課
   │            └ 学生支援課
   │
   ├─ 私学部 ─┬ 私学行政課
   │         ├ 私学助成課
   │         └ 参事官
   │
   ├─ 科学技術・学術政策局 ─┬ 政策課
   │                     ├ 調査調整課
   │                     ├ 基盤政策課
   │                     ├ 原子力安全課
   │                     ├ 計画官
   │                     └ 国際交流官
   │
   ├─ 研究振興局 ─┬ 振興企画課        ├─ 施設等機関 ─┬ 国立教育政策研究所
   │            ├ 研究環境・産業連携課  │            └ 科学技術政策研究所
   │            ├ 情報課             │
   │            ├ 学術機関課          ├─ 特別の機関 ─┬ 日本学士院
   │            ├ 学術研究助成課       │            ├ 地震調査研究推進本部
   │            ├ 基礎基盤研究課       │            └ 日本ユネスコ国内委員会
   │            ├ ライフサイエンス課
   │            └ 量子放射線研究課      └─ 地方支分部局 ── 水戸原子力事務所
   │
   ├─ 研究開発局 ─┬ 開発企画課
   │            ├ 地震調査研究課
   │            ├ 海洋地球課
   │            ├ 宇宙政策課
   │            ├ 宇宙開発利用課
   │            ├ 原子力課
   │            └ 核燃料サイクル研究開発課
   │
   ├─ スポーツ・青少年局 ─┬ 企画・体育課
   │                   ├ 生涯スポーツ課
   │                   ├ 競技スポーツ課
   │                   ├ 学校健康教育課
   │                   └ 青少年参事官(2名)
   │
   └─ 国際統括官
```

図 文部科学省の組織図（文部科学省のHPより）

11章 生涯教育を考える

1 生涯教育とは

(1) 生涯教育の考え方

 生涯教育は教育と社会の新しいあり方を導く考え方である。それは、学習権の生涯保障をめざして、家庭教育や学校教育や社会教育など、すべての教育を再編成する、新しい教育の原理である。

 まず生涯教育では教育をうけるのは子どもだけではない。大人も老人も重要な学習者である。生涯教育では人間はすべて学びつづける。そして、学ぶことによって自分自身をつくっていく。それだけでなく、現代は人々が平和に生きていくために学ばなければならない時代でもある。

 次に生涯教育は家庭教育や学校教育や社会教育など、教育の営みすべてを含んでいる。そして、それぞれが連携して人間形成に働きかける。学校教育は重要ではあるが、生涯教育では教育の1つである。学校教育が教育のすべてであるように考える人々に対して、生涯教育はもっと広い教育の世界を示す。

 もし生涯教育の考え方で教育を編成しなおすと、私たちの学習は生涯にわたって支援されるようになる。このような教育的社会を学習社会とか生涯学習社会と呼んでいる。

(2) 生涯教育の提起

 生涯教育の考え方は、1965年12月にパリで開かれたユネスコ主催の第3回成人教育推進国際委員会の席上、ユネスコ成人教育局成人教育課長のラングラン(Lengrand, P.)が提起した。生涯にわたって教育をうけなければならないとい

う考え方は古くからあった[^1]。しかし、ラングランの提起は古くからある考え方とは違っていた。古くからある生涯教育論を古典的生涯教育論、ラングランが提起した生涯教育論を現代的生涯教育論とするなら、2つの考え方は次のような点で違っている。

　第1に古典的生涯教育論は特別な人のための教育論であった。それは、君主、僧、聖人など社会の指導者や専門職など限られた人々に対して述べられている。一方、現代的生涯教育論はすべての人のための教育論である。それは老若男女をとわず、すべての国や民族の人々に対して述べられている。

　第2に古典的生涯教育論は個人の問題であった。それは個人に対して教育を生涯うけるように説いた。一方、現代的生涯教育論は社会の問題である。それは社会に対して人々が教育を生涯うけられる条件の整備を説く。

　第3に古典的生涯教育論は人格の発展や精神修養が中心である。それは心がけのような教育論である。一方、現代的生涯教育論は教育の営みを再編する原理である。それは人間形成では知情意の調和を重視する。古典的生涯教育論に比べてより知性を重視している。

2　生涯教育の必要性

　ラングランは生きるということは挑戦の連続だという。とりわけ現代人は次のような挑戦を受けているので生涯教育によって装備しなければならない。

(1) 諸変化の加速：社会の習俗や考え方などが世代の交代よりも早く変わるようになった。

(2) 人口の増大：教育をうける人々が伝統的な学校だけでは対応できないほど増えた。また、寿命ものびたので高齢化に対応した教育が必要になった。

(3) 科学的知識及び技術体系の進歩：専門的知識や技術が急速に進歩するようになった。専門家や技術者は時代に取り残されないために継続して学ばなければならない。

(4) 政治的挑戦：現代人のほとんどは生涯のうちに革命や戦争など政治的な変革を経験している。そうした変革に対応できる市民や指導者の教育が必

11章　生涯教育を考える　　73

要である。
(5) 情報化の進展:世界中の情報が即座に大量に入手できるようになった。その結果、適切に情報を処理する能力がさらに必要になった。
(6) 余暇活動の増加:余暇活動が増えた。しかし、「宝庫の入口をあける鍵をもっていなければ、宝のもちぐされということになる。(2)」余暇を適切に利用する教育が必要になった。
(7) 生活モデルや諸人間関係の危機:かつては強制的であったり、当然であった生活様式や人間関係が揺らいでいる。見識を新たにする教育が必要になった。
(8) 精神と身体の調和:精神と身体の調和がはかられなければならない。しかし、身体の鍛錬がおろそかになったり、性的関心の商品化によって身体意識がゆがめられたりしている。
(9) イデオロギーの危機:かつては不動であった教義や信条も揺らいでいる。現代人は自分で思想や判断や情感に責任をとらなければならなくなった。

3 学習社会の特徴

　学習社会とは生涯教育の考え方で教育が編成された社会である。そして、学習社会での学びは生涯学習である。学習社会には次のような特徴がある。
　第1に学校は知識や技術を詰め込む場所ではなくなる。学校は生涯にわたって学習を続けるために必要な基礎・基本を学ぶ場所になる。第2に学校は試験の点数で人々を振り分けなくなる。それで、失敗(落第)という考えがあまり意味を持たなくなる。第3に教育は子どもだけに限られなくなる。生涯の各期(子ども・青年・壮年・老年)にそれぞれ学習の課題がある。第4に大人の教育は強要されないので、学習社会では自発的な学習が発展する。
　理想の社会を描く学習社会論は1960年代の終わり頃から70年代にかけて登場した。ユネスコでは教育開発国際委員会が『未来の学習(Learning to Be)』(委員長の名前にちなんでフォール報告とも呼ばれる)を1972年に公表した。そこでは、学習社会の人間像として「完全な人間(complete man)」を提出している。そ

れは、ものの考え方や民族などさまざまに分裂した現代人に対する、知情意などで調和を達成した人間の姿である。

1990年代にはいるとユネスコは21世紀教育国際委員会（委員長は当時 EC 委員長であったジャック・ドロール）を設けた。そして、1996年に『学習：秘められた宝（Learning : The Treasure Within)』を公表した。それはとりわけ次の2点を主張している。

まず、生涯学習の4本柱である。4本柱とは、(1)知ることを学ぶ、(2)為すことを学ぶ、(3)共に生きることを学ぶ、(4)人間として生きることを学ぶである。この4本の柱の上に生涯学習は築かれなければならない。

次に生涯学習を保障するための「学習時間債権」の提案である。それは義務教育の修了者に与えられる学習のための時間の蓄えである。人々は、この蓄えを運用して生涯学習に当てる。⁽⁴⁾

4　生涯学習社会の構築

(1)　生涯学習社会への移行――日本の場合――

ラングランが生涯教育の考え方を提起した成人教育推進国際委員会に日本人が1人いた。波多野完治である。彼は、帰国後、すみやかにラングランの論文を訳出した。その後、生涯教育の考え方は日本でも大きな反響を呼んだ。はやくも1971年には社会教育審議会や中央教育審議会でも生涯教育の観点を採り入れた答申をしている。そして、1980年代には生涯学習社会を築くことが日本の教育政策の課題になった。例えば臨時教育審議会の最終答申（1987年8月）の教育改革の考え方には、「個性重視の原則」、「変化への対応」とならんで「生涯学習体系への移行」が取り上げられている。生涯学習社会とは「人々が、生涯のいつでも、自由に学習機会を選択して学ぶことができ、その成果が適切に評価される」ような社会である。⁽⁵⁾

このような社会を築くために、文部省は1988年7月に生涯学習局を設置した。1990年6月には生涯学習振興法（生涯学習の振興のための施策の推進体制等の整備に関する法律）が制定された。この法律には2つのねらいがあった。1つは都道

府県で生涯学習に取り組む体制づくりである。もう1つは生涯学習の振興のために国に生涯学習審議会を設置することである。生涯学習振興法の制定の後、都道府県や市町村では生涯学習社会の実現を目指した取り組みを始めた。その進展の状況はインターネットで公開されている(6)。また、国の生涯学習審議会は1990年8月に発足した。生涯学習の施策にかかわる重要項目について文部省に答申している(7)(2001年1月6日、文部科学省に新設された中央教育審議会の生涯学習分科会に移行)。

(2) 生涯学習社会の課題

生涯学習社会にはいくつか批判がある(8)。そうした批判の1つに、学習に恵まれた人と恵まれない人との教育を受ける機会の格差が大きくなるという批判がある。この批判に応えるには教育機会の均等化を考えなければならない。例えば市川昭午は生涯教育を第3の教育機会の均等化方策と呼んで考えている(9)。教育関係者はすべての人々が教育を等しくうけられるように教育機会の均等化の手だてを考えてきた。第1の方策は学校の定員を増やすことである。しかし、学校の定員を多くしただけでは格差はなくならない。そこで第2の方策は恵まれない人々への配慮である。恵まれない人も学べるように諸条件を整えて教育をうける機会を均等にしようとする。生涯学習では、学校を越えて、生涯にわたってすべての教育について配慮しなければならない。それで第3の教育機会の均等化方策である。例えば生涯学習社会では大人も学習者である。先に挙げた「学習時間債権」をはじめ、有給休暇や奨学金など、時間や経費などの配慮で大人も学習できる条件を整えなければならない。しかも、学習は強要できないので、本人が学びたくなるような教育を提供しなければならないのである。

(相原総一郎)

注

（1）麻生・堀（1997）は日本の生涯教育のルーツを中江藤樹に探っている（113頁）。また、森隆夫（1997）は古典的と現代的を軸に生涯教育の諸相を図にしている（森隆夫・耳塚寛明・藤井佐知子『生涯学習の扉』ぎょうせい、1997年）。
（2）ラングラン、P.(1971)、24頁より。
（3）新井郁男が詳しい説明をしている（『学習社会論』第一法規出版、1982年、『ラーニング・ソサエティ』至文堂、1979年）。
（4）天城勲監訳（1997）、21頁、pp.136-137より。こうした考えかた自体は以前から提案されている。例えばシュバルツ編（岸本幸次郎・佐々木正治監訳）『生涯教育―21世紀の教育改革』（明治図書、1980年、254～258頁）の教育クレジット（学習権…教育期間の保証制度）を参照。
（5）文部省編『我が国の文教施策』（平成9年度）、210頁より。
（6）文部科学省のホームページ「地方自治体の生涯学習情報リンク」より（http://www.mext.go.jp/a_menu/shougai/week/l_chihou.htm）
（7）文部省編『我が国の文教施策』の他、文部省編『文部時報』No.1462（1998年7月）「生涯学習施策10年の歩み」、22～30頁を参照。
（8）例えば堀尾輝久「三つの生涯学習論」（E．ジェルピ・海老原治善編『生涯教育のアイデンティティ』エイデル研究所、1988年、146～151頁）を参照。
（9）市川昭午「生涯教育と教育の機会均等」日本教育社会学会編『教育社会学研究―生涯教育と人間の発達―』第35集、東洋館出版社、1980年、25～35頁。

参考文献

麻生誠・堀薫夫『生涯発達と生涯学習』日本放送出版協会、1997年。
天城勲監訳『学習：秘められた宝　ユネスコ「21世紀教育国際委員会」報告書』ぎょうせい、1997年。
日本生涯教育学会編『生涯学習事典』東京書籍、1992年。
波多野完治『生涯教育論』波多野完治全集11　小学館、1990年。
森隆大編『増補　生涯教育』帝国地方行政学会、1970年。
ラングラン、P.,(波多野完治訳)『生涯教育入門』全日本社会教育連合会、1971年。
UNESCO, 50 Years for Education, UNESCO Documentation and Information Service, 1997年.

12章 異文化教育を考える

　「国際化」「グローバル化」は、21世紀を生きる私たちに欠かせないキーワードである。古くから日本は、発展の過程において、文物の輸出による他国・他文化の日本化と、外国の文物を取り入れる外国化の2つの方向で異文化とかかわってきた。国と国とのつながりだけでなく、私たち1人ひとりが日々の生活の中で「国際化」を意識するようになったところに、現代の「国際化」の特徴がある。

　本章では、国際化を目指す教育として、これからの異文化教育のあり方について考察する。異文化教育のあり方を考えることは、「国際化とは何か」を問い直すことである。

1　異文化教育の歴史と変遷

　異文化・多文化理解を目指す教育は、第二次世界大戦後設立された国際連合の専門機関であるユネスコ（UNESCO）によって広められてきた。1948年の国連総会で採択された「世界人権宣言」によって、それぞれの国や文化において独自に行われていた異文化教育は、国際的な規模で推進されることとなった。国連による異文化教育の原則は、「世界人権宣言」第26条2において次のように示されている。

「教育は、人格の完全な発展ならびに人権および基本的自由の尊重の強化を目的としなければならない。教育は、すべての国または人種的もしくは宗教的集団の相互間の理解、寛容および友好関係を増進し、かつ、国際連合の活動を促進するものでなければならない。」

これによって、人々の基本的人権の尊重と相互理解が世界平和の基礎であり、

それが教育によって進められるべきであることが示された。

1974年のユネスコ総会が採択した「国際理解、国際協力および国際平和のための教育ならびに人権および基本的自由についての教育に関する勧告」(以下「勧告」という)は、それまでの異文化教育を総括し、それ以後の指針を示したものとして重要である。「勧告」は、国連およびユネスコ憲章、世界人権宣言に盛られた教育目的を挙げ、次の諸目標を掲げている。

① すべての段階と形態に、教育における国際的側面と地球的視点を持たせる。
② すべての民族とその文化、文明、価値、生活様式を理解し尊重する。
③ 人々と諸国の間に地球的な相互依存関係が増大していることを認識する。
④ 他の人々と意志の疎通を図る能力を高める。
⑤ 権利を知るだけでなく、相互に負うべき義務が、個人、社会集団および国家にあることを認識する。
⑥ 国際連帯と協力の必要について理解する。
⑦ 1人ひとりがその属する社会、国家と世界の諸問題の解決に参加する準備を持つ。

「勧告」は、その後20年以上ユネスコおよび加盟諸国の異文化教育の指針となってきた。

2　学校における異文化教育実施の諸課題

(1)　新しい学習指導要領

2002年度から、新学習指導要領(小・中)が実施されている。新学習指導要領の特徴は、完全週5日制に伴う教科内容の削減、「総合的な学習の時間」の新設などであるが、とくに国際化への対応については注目すべき点が2つある。

1つは、中学校及び高等学校で外国語を必修とすることである。さらに中学では「原則として英語を履修させること」とされる。外国語は、中学・高校で「主要教科」と呼ばれながらも、教育課程上は「選択教科」のひとつであった。教育課程審議会の「教育課程の基準の改善の基本方向(中間まとめ)」(1997年11

月)は、「既にすべての生徒が履修している実態を踏まえ、中学校においても外国語を必修教科とする」ことを提言した。また、それ以前においても、OECD教育調査団が1971年に、小学校から外国語教育を開始するよう勧告していた。多くの先進諸国においてすでに外国語の学習が必修とされている現状を考えると、新学習指導要領における外国語の必修化は、国際社会の流れに則した進展と言える。1989年の学習指導要領改訂では、外国語でのコミュニケーション能力の基礎をつけること、外国語で積極的にコミュニケーションを図る態度を育てること、それを通して言語や文化への関心を高め国際理解を深めることが新たな目標として示された。新学習指導要領においてもこの基本方針は踏襲され、さらに「聞くことや話すことなどの実践的コミュニケーション能力の基礎を養う」ことが強調されている。

　もう1つは、「総合的な学習の時間」により、「国際理解、情報、環境、福祉・健康」などの教科横断的な学習が行われることである。これにより、小学校でも外国語会話を授業に取り入れることが可能となる。新学習指導要領では、「外国語会話等を行うときは、児童が外国語に触れたり、外国の生活や文化などに慣れ親しんだりするなど小学校段階にふさわしい体験的な学習が行われるようにすること」が望ましいとされる。総合学習の趣旨が十分に活かされるためにはまだ多くの課題が残されており、2002年からの実施に注目される。

(2) 教員の国際交流

　1987年度より、当時の文部省、外務省、自治省、地方自治体が共同した国際交流事業として、JETプログラム (Japan Exchange and Teaching Program) が実施されている。この事業によって招かれたALT (Assistant Language Teacher) は、5649名にのぼる (2003年7月、文科省調べ)。ALTと日本人外国語担当教員 (JLT=Japanese Language Teacher) によるティーム・ティーチングは、生徒に生きた言語を学ぶ機会を提供することでコミュニケーション能力育成に効果を上げてきた。一方、JLTの語学力向上と国際的体験・国際的視野を広げることを目的として、毎年約5,000人の小・中・高校のJLTが海外に派遣さ

れている。今後も、JLT と ALT の協働によるティーム・ティーチングの効果が期待される。

(3) 教室の国際化

学校内の国際化の内容は、大きく3つに分けられる。

第1は、海外から帰国した子どもの受け入れである。2003年度の帰国子女数は、10,278人（小学校6,231、中学校2,192、高等学校1,855）である。文科省では、国立大学の付属学校に帰国子女教育学級を設置したり帰国子女特別選抜枠を設けるなど、帰国子女を受け入れる制度を整えるとともに、公立・私立学校の帰国子女教育研究協力校、帰国子女教育受け入れ推進地域センター校を指定するなどして受け入れ体制の拡充に努めている。さらに、近年のアジアからの帰国子女の増加など多様化している傾向にたいしては、子どもや保護者との相談体制の充実、地方における受け入れ体制の充実が求められている。

第2に、外国人留学生の受け入れである。2004年5月時点での、大学・大学院・短期大学における留学生総数は91,319人である（文部省『文部統計要覧』2005年版、以下同じ）。約92％がアジアからの留学生である。その中でも中国からの留学生が59,406人で、外国人学生総数の約65％を占めている。アジアからの留学生が多いことは、日本がアジアにおいて政治経済上のリーダー的存在であることを示しているといえよう。

日本の国際貢献のひとつとして発展途上国の人材養成に協力しているのが、1983年からの「留学生受け入れ10万人計画」である。10万人計画は出発して20年以上も経過しているのに、その目標値を未だ達成されていない。この要因としては、日本での生活費が高いこと、英語が普及している国では英語圏への留学が増えていること、アジア諸国の高等教育機関が整備されてきたこと、私費留学生が減少したこと、などが考えられる。アジアでの日本の貢献を意味あるものにするためにも、国費留学生の計画的拡充、私費留学生への奨学金制度の整備、授業料負担の軽減措置、宿舎整備の促進、地域における留学生の受け入れ態勢の整備など、内味の充実が求められる。

第3に、近年の外国人労働者の増加である。これは「内なる国際化」と呼ばれ、国内における多文化社会の課題として年々深刻さを増している。

法務省の統計によると、わが国に在留する外国人（外国人登録者数）は近年増加傾向にあり、2004年末で約197万3,747人である。外国人の増加は、これらの外国人に同伴される子どもの数の増加を必然的に招来する。

1990年6月に「出入国管理及び難民認定法」の改正が施行されたことなどによって、日系人を含む外国人の滞日が増加し、これらの外国人に同伴される子どもが増加したことを契機に、2001年度から文部科学省によって「日本語指導が必要な外国人児童生徒の受入れ状況等に関する調査」が行われてきているが、2004年9月1日に行った調査結果は次の通りである。

公立小・中・高等学校、中等教育学校及び盲・聾・養護学校に在籍する日本語指導が必要な外国人児童生徒数は、19,678人（2003年度19,042人、以下同じ）で、学校種別では、小学校13,307(12,523)人、中学校5,097(5,317)人、高等学校1,204(1,143)人、盲・聾・養護学校55(49)人、中等教育学校15(10)人である。在籍学校数は、全体で、5,346（5,231）校である。学校種別では、小学校3,215（3,166）校、中学校1,783（1,722）校、高等学校308（303）校、盲・聾・養護学校39（39）校、中等教育学校1（1）校である。

母語別では、ポルトガル語7,033（6,722）人、中国語4,628（4,913）人、スペイン語2,926（2,665）人、その他の母語5,091（4,692）人となっており、ポルトガル語、中国語及びスペイン語の3言語で全体の7割以上を占めている。英語一辺倒の日本の外国語教育では、これらを母語とする子どもに対応できる人材を確保することは極めて難しい。

文部省では、外国人の子どもの受け入れ体制の整備を目指して、外国人子女教育研究協力校を指定するなどの活動を行っている。また、都道府県や市町村においては、日本語の指導など外国人子女教育に対応するための教員の配置を進めたり、日本語指導教材の作成、外国人の保護者用ガイドブックの作成など、親と子の両方を視野に入れた受け入れ体制づくりに努めている。

3 これからの異文化教育

　1960年代以来、合衆国では異文化教育が学校のカリキュラムへさまざまな形で導入されてきた。異文化教育研究の第一人者バンクスは、その学習方法を次の４つの段階に整理している。[2]

　（レベル１）　**貢献アプローチ**……民族の英雄や民族に特有の祝日についての学習をカリキュラムに取り入れたものである。具体的には、マーティン・ルーサー・キング牧師の誕生日、アフリカ系アメリカ人の歴史週間などの特定の時期にだけ異文化学習をすることであり、もっとも取り入れやすいアプローチである。しかし、貢献アプローチによって、民族・文化集団についてグローバルな見方ができるようになることは難しい。一面的な学習は、民族・文化についてのステレオタイプや誤解を増長させる危険さえある。

　（レベル２）　**付加アプローチ**……文化的な学習内容、概念、テーマなどをカリキュラムに付加することによって異文化教育を行う。カリキュラムの基本的な枠組みや目的を変えることなく、民族・文化に関する学習内容が教科書、単元、または教科を付け加える形で取り入れられる。カリキュラムの再編には多大な労力を必要とするので、その前段階としてエスニックな教育内容を取り入れる方法としては効率的であろう。しかし、貢献アプローチや付加アプローチはともに、あくまでも学習者の文化から見た異文化についての学習であり、そのためにカリキュラムに取り入れる異文化を選択・解釈することにおいて、学習者の文化の規範や価値が大きく反映されてしまう。

　（レベル３）　**変換アプローチ**……貢献・付加アプローチと根本的に異なるのは、さまざまな民族や文化の価値観・視点から論点を捉えることを可能にするために、カリキュラムの基本的な枠組みを変更するという点である。異なる民族・文化の特色を知るだけでなく、異文化の視点から、学習者自身が属する民族・文化の特色や発展について考察することを目指す。

　（レベル４）　**意思決定・社会的行動アプローチ**……変換アプローチをさらに発展させたもので、学習した概念や論点に関連した意思決定や社会的行動を生徒

に起こさせる。例えば、「学校での偏見や差別をなくすにはどのような行動をとるべきか」といった社会問題を検討するために、生徒はデータを集め、自身の価値観や信念を分析し、取り得る行動の選択肢をあげ、最終的に適切な行動を決定しなくてはならない。意思決定・社会的行動アプローチの最終目標は、生徒自身が考え、意思決定をする能力を身につけることにある。

以上の4つのアプローチは、実際の教育活動では混ぜ合わされたり組み合わされることも多く、その段階をはっきりと区別できるものではない。異文化に触れるだけの学習段階から、異文化の題材を用いながら多様な能力を育てる学習活動まで、異文化教育は幅広い学習機会を子どもに与えることを可能にする。

これまでの日本の異文化教育が、異文化の「理解」を教育目標として重視してきたとすれば、新しい「総合的な学習の時間」を含む国際化を目指したこれからの異文化教育は、次の面における子どもの成長と発達を意図したものでなくてはならないであろう。①日本人としてのアイデンティティの育成と異文化への興味と理解、世界市民としての自覚。②コミュニケーション能力としての伝達手段の習得、外国語運用能力、伝達する意欲と態度。③自己と他者に関する理解と尊重、人権尊重の意識、普遍的な人間的価値の追究。

これらは、学校で「教えられる」ことによって身につくものではない。異文化素材は、子ども自身の「自分と他者を理解する意識」を形成するための学習活動の「媒介」として、その役割を果たすことができるのである。（**中谷　愛**）

注

（1）　自分の文化や異なる文化について学ぶ教育を指す用語としては、国際理解教育、異文化間教育、多文化教育、グローバル教育、などが使われている。ユネスコでは、国際教育としている。多様な呼び方からも、異文化理解を目指す教育がさまざまな方法・目的で行われていることが理解できる。
（2）　バンクス、平沢安政訳『多文化教育』サイマル出版会、1996年、49～53頁。

参考文献

小林哲也・江淵一公『多文化教育の比較研究』九州大学出版会、1985年。
水越敏行・田中博之『新しい国際理解教育を創造する』ミネルヴァ書房、1995年。
横田啓子『アメリカの多文化教育―共生を育む学校と地域』明石書店、1995年。
石附実『比較・国際教育学』東信堂、1996年。
文部科学省ホームページ

13章 教育の時事問題を考える

① **生きる力**

　第15期中央教育審議会の第一次答申（1996年7月19日）で示された、21世紀の社会においてはぐくむことが求められるとされる子どもの資質能力をいう。現代のような変化の激しい社会環境の中では、その変化を見通して柔軟に対応し、主体的、創造的に生きていくことができるような能力が重要になってくる。その能力の内容として、①いかに社会が変化しようと、自分で課題を見つけ、自ら学び、自ら考え、主体的に判断し、行動し、よりよく問題を解決する資質や能力、②自らを律しつつ、他人とともに協調し、他人を思いやる心、③たくましく生きるための健康や体力等が重要な要素としてあげられる、とされている。教育課程審議会答申（1998年7月29日）を受けて2002年度から小中学校で実施されている学習指導要領では、この生きる力を培うことが基本的なねらいとされ、学校教育の内容として各領域の中で具体的な活動や指導内容として具現化されている。とりわけ、新しく設けられた「総合的な学習の時間」においてそのねらいの達成が期待されており、体験学習を通して「各教科等で身に付けられた知識や技能を相互に関連付け」ながら、自ら学び自ら考え、問題を解決する力の育成を図ることが求められている。生きる力をめぐっては、基礎・基本としての学力や教科教育の軽視につながるという批判があり、基礎的な学力とその応用・発展である生きる力との十分な関連が課題だといえる。（冨田福代）

② **LD**

　LD（Learning Disabilities；日本では学習障害と訳されている）とは、全般的な知的発達に遅れはないが、聞く、読む、書く、推論する、あるいは算数の諸能

力についての習得と使用に著しい困難を示す状態を指すものである。LDの概念は、アメリカを中心に発展し、1975年、アメリカの全障害児教育法で、障害カテゴリーのひとつとして正式に認知された。日本では、1991年文部省の「通級学級に関する調査研究協力者会議」の「中間報告」が存在を認め、判定基準や指導方法の基礎的研究を積極的に進めるよう報告した。原因は、中枢神経系に何らかの機能障害があると推定されるが、視覚障害、聴覚障害、知的障害、情緒障害などの障害や、環境的な要因が直接の原因となるものではない。しばしば注意欠陥／多動性障害（ADHD）を伴う。適切な対応を行わないと、二次的な情緒や行動の問題点が生じることがある。対応は、①学校と教育研究所・児童相談所等の専門機関との連携による治療教育、②薬物療法、③精神療法がある。

　文部科学省は、2003年、「今後の特別支援教育の在り方について（最終報告）」の中で、LDを特別支援教育の対象とする方針を示した。

　LDは、適切な対応を行えば、障害が飛躍的に軽減される場合があるので、今後の治療教育研究が非常に重要である。（野口祐子）

③　海外・帰国子女の教育

　近年、急速な国際化の進展に伴って、海外在留子女や帰国子女の数が増加している。海外在留の邦人に同伴する学齢期の子どもの数は、2005年4月には5万5000人に達している。また、一方、海外に長期間滞在した後に帰国した小中高の子どもの数は、1995年に1万3000人に達したのをピークに、ここ数年、少しずつ減少傾向にある。

　海外在留子女が学ぶ学校も、ニーズに応じて多様化してきている。海外在留子女が学ぶ教育機関としては、2005年4月現在、日本人学校（85校）、日本の私立学校や企業が設置している私立教育施設、国際学校（インターナショナル・スクール）、現地校、および、補習授業校（185校）などがある。

　海外在留子女をめぐる教育問題としては、教具・教材の不足、異文化への不適応、安全の問題、帰国後の受験教育へのあせりなどがある。

帰国子女をめぐる教育問題としては、受け入れ校の選択、逆カルチャーショック、日本文化や日本語の修得、海外で習得した語学力や国際感覚の保持などをあげることができる。

　異文化体験を通して、自己表現力や、社会や文化を複眼的な視点から見る能力を養いつつある帰国子女が、個性や特性を失わないように、また特別視やいじめの対象にならないように、指導に留意すべきである。（松田育巳）

　　参考文献　海外子女教育振興財団編刊『新・海外子女教育マニュアル――海外駐在員家
　　　　　　族必携』2002年。
　　　　　　海外子女教育振興財団ホームページ（国内と海外の学校事情）
　　　　　　文部科学省ホームページ（国際教育に関すること、学校基本調査）。

④　学級崩壊

小学校、中学校の教育現場において学級崩壊と言われる現象が広がっている。近年では、その現象が低年齢化し、小学校低学年から始まっているという事例が報告されている。

　学級崩壊とは、教員が学級経営や授業をまともに遂行できない状況をいう。その原因となる児童・生徒の具体的状況としては、①教科書やノートを出さない、②級友に対するいたずら、③立ち歩き、④配布物の廃棄、⑤物を投げる、⑥教室からの抜け出しなどが、挙げられる。それは、いわゆる授業の基本的なルールが守られない状況といえる。

　その要因としては、①子どもの生活規律の欠如、②過大な学級定数、③難しい教科内容、④教育要求の多様化、⑤教員の指導力の不足など、複合的な理由が考えられる。①については、社会の価値観の多様化に伴う保護者の意識の変化も一因ではあるが、現代社会における子どもの心身の変容にかかわっていると考えられる。また、⑤については、ベビーブームに対応して大量に採用された教員層の資質と関係しているのではないかという指摘もある。

　学級崩壊の克服のためには、家庭の教育力の回復、20～30人学級の実現、教員研修の充実、小学校への教科担任制、交換授業制度、ティーム・ティーチン

グ制、複数担任制の導入などが積極的に検討されるべきであろう。(肥後規子)

> 参考文献　中谷彪・肥後規子「学校崩壊の考察―要因の分析と解説の視点―」『大阪教育大学教育研究所報』No.33、1998年。
> 授業研究会監修『学校崩壊からの脱出』フォーラム・A、1998年。
> 河土亮一『学校崩壊』草思社、1999年。

⑤　学校事故

　学校の教育活動や学校施設設備の欠陥に伴って生徒等に人身被害を生じた場合、これを学校事故と称する。学校事故は子どもの教育を受ける権利の侵害状況であると見られるから、当然にそれを防止するための万全の措置がとられるべきことは言うまでもない。しかし現行の学校設置基準はこうした点できわめて不備であり、学校施設基準や安全基準も設けられていない。また事故が発生した場合の救済体制も十分とは言えず、学校設置者等による損害賠償については学校管理者賠償責任保険で行われているものの、無過失責任については明記されていない。この他には日本学校安全会法に基づく災害共済給付や自治体の見舞金などがあるが、いずれも十分に事故の補償を行うものとは言えない。

　学校事故が生じた場合の責任は、民事責任（債務不履行責任と不法行為責任）と刑事責任に大きく二分される。学校設置者が在学契約に付随して生徒等に対して負っている安全確保義務を過失あるいは故意に履行しなかった場合に、上記責任が問われることになる。近年では加害者が14歳未満である場合の責任追及のあり方が問題とされ、少年法の見直し論議も行われている。他方、教師の体罰等による傷害について、従来は問われることのなかった「心的外傷後ストレス傷害（PTSD）」を書類送検事由とする例も見られ、生徒等が負う心身の「傷」に対する責任のあり方が厳しく問われるようになりつつある。(藤本典裕)

⑥　学校週5日制

　日本の学校教育では、これまで1週間のうち日曜日のみを休業日（授業を行わない日）とする学校週6日制を慣行的に行ってきた。学校週5日制は、その慣行を改めて週2日の休業日を設けるもので、2002年度からすべての幼稚園、

小学校、中学校、高等学校、中等教育学校、盲学校、聾学校および養護学校で一斉に実施された。

学校週5日制導入に関する議論は、1987年12月の教育課程審議会の答申以降に本格化した。同答申は学校週5日制を漸進的に導入する方向で検討することを提言し、これをうけて文部省は90年度から全国642校の調査研究協力校で月1回の週5日制を試行した。以後、92年度第2学期からは公立の幼稚園、小学校、中学校、高等学校で第2土曜日を休業日とする月1回の学校週5日制、また95年度からは第2、第4土曜日を休業日とする月2回の学校週5日制へと徐々に拡大させていった。

この完全学校週5日制実施に対しては、休業日を活用した新たな取り組みが生み出される点を評価する意見がある一方で、年間授業時数の減少に伴う教育内容の削減による基礎学力低下や学力格差の拡大が懸念されたり、私立学校との連携実施など様々な課題が残されているのが実情である。(山口拓史)

⑦ 学校選択制

学校選択とは、初等教育から高等教育、公立・私立学校間など様々な場面において問題となりうるが、本項目は主として義務教育段階の公立学校間での学校選択を可能にする教育政策を指す。従来の公立学校制度では就学する学校を行政が指定するのが一般的であるが、保護者・家庭の側に学校を選ぶ権利を認めるというもの。教育をある種の商品とみなし、保護者・家庭の消費者としての選択権を認めることによって供給者側である学校間の競争を促進し(「市場原理の導入」)、そのことによって効率的に教育の質の向上をはかるとする学校選択論は、70年代以降先進諸国で有力となった新自由主義思想(neo-liberalism)の影響が濃厚である。アメリカやイギリスを中心に80年代以降様々なタイプの学校選択制が導入されてきているが、日本においても80年代後半の臨時教育審議会で「教育の自由化」論として学校選択論が論議されて以降、「教育改革」のアイディアとして影響力を強めている。90年代後半から「通学区域の弾力化」施策(指定校制度の基準を緩和する措置)を実施する自治体が現れ、2000年東京都

品川区がオープンな形での学校選択制を導入したのをきっかけに都市部での制度化の動きが加速している（特に東京都区部の制度化は突出している）。学校選択制度に対しては、学校間格差と階層分化を助長するという批判が概して有力ではあるが、その制度設計の有り様によっては異なる効果も期待できるとする議論もあり、評価は必ずしも単純ではない。（深見　匡）

⑧　家庭科の男女共修

　男女共修（厳密には「共学」）は、中学校では1993年度、高等学校では1994年度から実施されている。それまでは履修形態にばらつきがあり、高等学校では女子のみの必修科目（4単位）として扱われていた。しかし、女子差別撤廃条約（1975）を受けて、男女が共に生活の自立を図り、家庭は男女の共同責任において営まれることが強く求められるようになったことから、家庭科の男女共修が実現した。

　当初、学校関係者は期待を寄せながらも、教材、設備などの面に不安を抱えていた。しかしその後の実践研究報告では、生徒の理解と関心が高いという結果を得ており、男女共修の意義が認められ、今では定着している。

　一方、次のような問題点も指摘することができる。中学校「技術・家庭」では、①単なる領域の選択は技術と家庭系列の履修に不均衡を生じさせている。高校「家庭」では、②普通教育に関する選択3科目のうち「家庭基礎」2単位を設けたことで、実質単位削減となった。また、③施設設備や教職員定数の充実が十分に図られていない。大学機関では、④男子に教員免許取得の機会をあまり設けていない、⑤新設科目や領域に対応した教員養成への充実が十分でないことが挙げられる。今後の教育改革を見定めた場合、家庭科教育の重要性を広く地域・社会にアピールし、カリキュラムの充実を図らなければならない。

（鈴木昌代）

⑨　環境教育

　明治の殖産興業政策以来、高度経済成長期には大気・水質・重金属汚染が急

速化し、よって産業公害生活環境が悪化した。このような公害問題に対し、わが国では、公害教育（1968）が実践されてきた。しかし今日では都市・生活型公害に移行し、生活排水による水質汚濁や悪臭、騒音、廃棄物の増加など、市民自身の日常生活に起因する環境汚染が深刻化している。これは、酸性雨（大気汚染）や地球温暖化（二酸化炭素の増加）、オゾン層の破壊（フロンの使用）、海洋汚染（水質汚濁）、砂漠化（森林の減少）など、地球規模の環境破壊を招き、今や環境に対する危機意識が世界的に高い状況にある。

環境教育は、「国連人間環境会議の勧告」（1972）によって重要性を示唆している。わが国の環境教育に対する推進は、『環境白書』（1986）の中で指摘されたのが始まりである。文科省は環境教育を生涯学習の基礎として教育活動全体に位置づけ、系統性のある学習内容を推進している。現在、環境教育は高まっており、総合的な学習の時間を中心に、理科、社会科、家庭科、保健体育で実践されている。しかし環境教育は自然保護ばかりでなく、人と人とのコミュニティーの再生・創造の役割も広義に含まれている。人間関係が希薄になっている今日、異なった立場の人との連携によってコミュニケーションを拡大し、情報の共有や行動を発進することがより重要である。（鈴木昌代）

⑩ 教育委員の準公選

第二次世界大戦後、日本の教育行政改革の中で、戦前には存在しなかった教育委員会が全国各地に誕生した。これは、教育行政の①民主化、②地方分権、③一般行政からの独立、の三本柱を改革原理とした教育委員会法が、1948年に成立したことによる。従来の文部省の権限を大幅に削減して地方に委譲したのであった。

教育行政の民主化という理念は、教育委員会を構成する教育委員（当時は、都道府県は7人、市町村は5人。現行法では5人が基本）を、住民が直接選挙によって選ぶ教育委員公選制という形で具体化されたのであった（旧教育委員会法7条～11条参照）。選挙は、3回（1948年、50年、及び52年）行われた。

しかし、その後の政府・与党による教育の国家統制が始まる中で、教育委員

の公選制を廃止し、首長による任命制とする「地方教育行政の組織及び運営に関する法律案」が、1956年、国会に警官500を導入するという混乱の中で「可決・成立」した。

これに対し、教育委員会を身近な存在に、という要求が出てきた。その1つの答えが、任命制の下での創意工夫の産物として登場した東京・中野区の教育委員準公選であった。つまり、住民投票方式に基礎をおいた教育委員選びの道であった。

およそ10年に及ぶ粘り強い運動の結果、1979年、"準公選"条例である「中野区教育委員候補者選定に関する区民投票条例」が成立した。この条例に基づき、4回（1981年、85年、89年、93年）の準公選投票が行われ、教育委員会の活動はきわめて活発なものとなった。しかし、準公選は区議会において一部の政党から政争の具とされ、同条例は、1995年に廃止された。その後、区民推薦制度を経て、現在では「人材推薦の仕組み」（2004年8月）が採用されている。

（浪本勝年）

⑪　教育改革国民会議

教育改革国民会議（江崎玲於奈座長）は、2000年3月27日、内閣総理大臣決裁（故・小渕恵三首相）により設置されたいわゆる首相の私的諮問機関である。同じ首相の諮問機関であっても臨時教育審議会設置法という法律に基づいて設置された臨時教育審議会（1984-87）とはその点において決定的に異なる。教育改革国民会議の場合、わずか数行の「決裁」による設置であるので、所掌事務や設置期間など、あいまいな点も多い。

委員は、教育学者を含む大学関係者、学校関係者、ジャーナリスト、経済界や各種団体関係者など26人が任命されている。「決裁」によれば、会議の趣旨は、「21世紀の日本を担う創造性の高い人材の育成を目指し、教育の基本に遡って幅広く今後の教育のあり方について検討する」こととされている。会議は全体会を4回開催した後、2000年5月から、「人間性」「学校教育」「創造性」の3つの分科会を設けて審議を進め、7月26日に「分科会審議の報告」を発表し

た。その後、全体会を5回開き、9月22日には「中間報告―教育を変える17の提案―」を公表した。報告のなかでは、奉仕活動の義務化を検討することや教育基本法の見直しが特に議論を呼ぶことになった。その後、4回の公聴会（福岡、大阪、東京、新潟）が開催され、2000年12月22日に「教育改革国民会議報告―教育を変える17の提案―」が森喜朗首相に提出された。17の提案は、「人間性豊かな日本人を育成する」、「一人ひとりの才能を伸ばし、創造性に富む人間を育成する」、「新しい時代に新しい学校づくりを」、「教育振興基本計画と教育基本法」の4つの柱で構成されている。

　この教育改革国民会議「報告」等に基づき、文部科学省は、「21世紀教育新生プラン」(2001年1月25日)を作成した後、第151回通常国会に教育改革関連6法案を提出した（すべて可決成立、p.108参照）。この議会については、首相官邸のホームページ (http://www.kantei.go.jp/jp/kyouiku/) から情報を得ることができる。

（柿内真紀）

　参考文献　浪本勝年「教育改革国民会議の正統性を問う」『世界』2000年11月号。
　　　　　　藤田英典『新時代の教育をどう構想するか―教育改革国民会議の残した課題―』岩波ブックレット、2001年。

⑫　教育裁判

　教育裁判とは、一般に教育とりわけ学校教育に関する紛争が裁判化したものをいう（広義の定義）。これは、法社会学的立場からの定義であるといえる。一方、法解釈学的立場からは、そうした事件のうち、当該紛争に対して一定の決着をつけるため、教育法に関する固有の法論理が争われているものをいう（狭義の定義）。

　教育裁判という言葉は、1960年ごろから使用されはじめ、同時に研究の対象ともなってきた。教育裁判は、教育政策と教育運動との矛盾の産物として登場してくる。すなわち、1960年代にその本格的なはしりとされる教師に対する勤務評定に関する一連の裁判（勤評裁判）をはじめ、全国一斉学力テストに関する一連の裁判（学テ裁判）及び教科書検定訴訟（家永・教科書裁判）の進行の過程

で、しだいに社会的に普及・定着していった。

　教育裁判をその紛争内容からみると、1950年代後半から1960年代には、政府の不当な教育政策に抵抗することによって発生したものが多いが、1970年代以降は、国民の権利意識の高揚に伴って、学校における教育措置（内申書・原級留置・体罰等）や教育条件整備要求（学校統廃合反対・学校事故等）、さらには教育情報開示（指導要録・教科書採択）などをめぐる訴訟が登場してきている。

　教育裁判をその社会的機能から見ると、教育の自由や自主性を擁護したり、教育条件の整備を進めたり、さらには教育内容をいっそう良くしていくことなどの役割を、教師・父母・国民から期待されてきた。これを教育運動的側面から見ると、教育に関する国民の権利を実現していくための重要な一手段と考えられてきたが、同時に、教育に関する紛争は、本来できるだけ教育界内部での話し合いによって解決していくことが望ましい、ともいえる。（浪本勝年）

⑬　教育情報の開示

　情報公開制度とは、住民の「知る権利」を保障するために、行政機関の情報を公開しようとする制度である。個人情報保護制度は、個人情報と個人のプライバシーを保護しようとする制度である。前者を保障するために制定されているのが情報公開条例であり、後者のそれは個人情報保護条例である。ちなみに、行政機関の保有する情報の公開に関する法律（1999年、法42）、いわゆる情報公開法は、1999年5月14日に公布された。

　教育行政や学校教育にかかわる教育情報は、情報公開条例と個人情報保護条例の対象である。情報公開条例に基づいて教育情報の開示が請求された例としては、高校の中途退学者数及び原級留置者数、登校拒否生徒数、体罰報告書、職員会議議事録、教科書採択資料などである。個人情報保護条例に基づいて教育情報の開示が請求された例としては、内申書（調査書）と指導要録などがある。

　内申書とは、学校教育法施行規則54条の3、同59条に基づき、高校の入学選抜のための1つの資料として、生徒が在学する中学校の校長が作成し、進学し

ようとする高校の校長に送付される文書のことである。指導要録とは、「児童・生徒の学籍並びに指導の過程及び結果の要約を記録し、指導及び外部に対する証明等のために役立たせるための原簿としての性格を持つ」(1971・2・27、文部省初中局長) ものである。これらの文書について、文部科学省は全面非開示の見解を提示してきているが、ここ数年、部分開示や全面開示に踏み切る自治体 (教育委員会) が増えてきている。(中谷　彪)

　参考文献　中谷　彪『現代学校教育論』渓水社、1997年。

⑭　教育評価

　教育評価には、①指導及び指導体制に関するもの、②学校運営に関するもの、③児童生徒の学習活動に関するものがある。いずれも関係法令、当初の目標、計画などから見て、教育活動の結果を検討、判断し、次の教育活動に役立てることが求められる。

　①は、教育課程の編成と実施、指導計画の策定と実施、指導案の作成、具体的な指導の展開などについて広く評価することを通して、教育活動の改善と充実を図り、児童生徒の学習がより効果的に行われることを目的としている。

　②は、学校の教育目標の樹立と実施、教職員の編成と教育活動、施設設備の管理と運用などの評価を通して、学校の教育目的が効果的に達成されることを目的としている。

　③は、学習への意欲や努力、学習の成果を評価するもので、到達度、習熟の程度を理解し、学習意欲の向上、学習方法の改善などを図るために行われる。

　評価の方法は、相対評価 (学年や学級で占める順位を示す) から、絶対評価 (個々の子どもがどこまで学習目標に達したかを測る) へと段階的に移行してきた。例えば、1992年の新教育課程施行にあわせて、各教科の学習状況は、「関心・意欲・態度」などの観点ごとに絶対評価で示されることになった。また、2002年度からは、指導要録の記入が、これまでの相対評価から絶対評価に変わる。「総合的な学習の時間」などの導入も含め、新指導要領の教育目標である「自ら学び、考える力の育成」を評価するにあたっては、子どもたちの意欲、考え方、表現、

知識・理解などの観点をいかに客観的に評価するかが重要な課題となる。

(中谷　愛)

⑮　**教員研修**

　教員は、養成・採用を経て、職務に就いてから後も、その資質や職能を発達させるべく、専門的・教養的な研究・修養に務める自助努力が要求される。それが「研修」であり、任意にあるいは制度的に行われる。法的には、教育基本法6条の2で「法律に定める学校の教員は、(中略)その職責の遂行に務めなければいけない」と規定され、とりわけ教育公務員特例法21条で「教育公務員は、その職責を遂行するために、絶えず研究と修養に務めなければいけない」と定められることに基づく。

　「研修」とは、教育個人による「自主研修」、各学校単位で教育目標等を踏まえて行われる「校内研修」、教育行政機関による「行政研修」に大きく分けられる。自主研修は、勤務時間外にあるいは職務専念義務の免除を受けた上で、教員個人の関心や必要性に応じて行われる日常的かつ主体的な活動であり、教員にとって本質的かつ重要なものである。さらに校内研修(各校主体の校内研究や、研究指定を受ける指定校研修)など、教員にとっては日常生活全般にわたる。それを補完すべく教育行政機関が企画・実施する行政研修が設けられており、初任期から管理職期まで、教員生活の生涯にわたって研修に携わる機会がある。これらは、各都道府県、指定都市の教員委員会などによって実施され、次のように挙げられる。①初任者研修、②教職経験者研修(5、10、15、20年目と一定年数を経た教員が対象)、③中堅教員の研修(海外派遣事業など)、④管理職研修、⑤長期社会体験研修、⑥大学院修学休業制度、⑦上位免許状の取得(上進制度)。近年は⑤のように教員の社会性向上を目的に民間企業や社会教育施設などで社会体験研修を取り入れる動きがある。

　2001年以降、指導力不足教員の認定と対応が行われはじめた。また2005年には「教師力」という言い方で、教員に求める力をあらためて問う風潮が巷で見られたが、これらは教員研修への期待や要望としてさらに高まりうる。その一

方で、2003年7月には、自宅研修を名目とするいわゆる"夏休み"などを認めない旨の文科省通知が出されたが、教員の自主研修権と勤務の実情との不具合が問題として残っている。今後も研修の質と効果は、ますます問われていくだろう。(矢野博之)

⑯ 教員免許制度

　現在の日本の教員免許制度は1949年に公布された教育職員免許法によって規定されている。教育職員は教員免許状を有する者でなければならなくなり（同法第3条）、教員養成は戦前は師範学校のように教員養成専門の学校に限定されて行われていたのが、広く大学一般で行われることとなった。

　教員免許状は、普通免許状、特別免許状、臨時免許状がある。普通免許状は、「専修免許状」（大学院修士課程修了）「一種免許状」（大学卒業）「二種免許状」（短期大学卒業）の3種類からなる（高校は専修、一種のみ）（4条）。特別免許状とは、教育職員検定試験に合格した社会人に授与される（5条2項）。臨時免許状は普通免許状を有する者を採用できない場合に限り、教育職員検定に合格した者に授与される（5条5項）。

　教員免許制度に関して、近年に改正された点としては、1997年の教員免許特例法により、介護体験が義務付けられたこと、1998年において教員免許所得に必要な「教科に関する科目」の単位数が大幅に減らされ、代わって「教職に関する科目」の単位数が増加したことが挙げられる。

　現在、免許状主義の例外として、1988年に「特別非常勤講師」制度が導入された。1998年から、小学校、特殊教育諸学校も対象となり、許可制から届け出制になった（3条の2）。2002年度では約8,000人の届け出があった。

　またさらに2000年に、免許状を有しないいわゆる民間人校長の制度が導入された（学校教育法施行規則9条の2）。民間企業出身者などで「校長の資格を有する者と同等の資質を有すると認める者を校長として任命し、又は採用することができる」こととなった。2005年4月においては、41都道府県市で103名が在職している。(大津尚志)

参考文献　中谷彪・浪本勝年編『現代の教師を考える』北樹出版、2001年。

⑰　国旗・国歌の取り扱い

　日の丸・君が代は、戦前から慣習的に国旗・国歌と取り扱われてきた。しかし戦後、日の丸・君が代を国旗・国歌とすることについては、賛成論と反対論が対立してきた。反対論者の主張の要旨は、①日の丸が戦前・戦中において日本の海外侵略行為のシンボルの役割を果たしてきたこと、②君が代の歌詞が国民主権の日本国憲法下ではふさわしくないこと、③これらを国旗・国歌とする法的規定がないことなどであった。

　小学校学習指導要領における日の丸・君が代の取り扱いは、長らく「国民の祝日などにおいて儀式などを行う場合には、……国旗を掲揚し、君が代をせい唱させることが望ましい」（1958年の学校行事等、1968年以降の特別活動）であった。しかし1989年の改訂で「入学式や卒業式などにおいては、その意義を踏まえ、国旗を掲揚するとともに、国歌を斉唱するよう指導するものとする」になった。これを根拠に文部科学省は、日の丸の掲揚、君が代の斉唱を義務化したと主張してきた。

　しかるに、1999年8月13日に、日の丸・君が代を国旗・国歌とする「国旗及び国歌に関する法律」が公布されるに至って、法的には一応、決着がついた形となった。

　統計的には、学校現場での国旗・国歌の実施率が上昇したとは言え、学校現場では、依然として混乱が生じている。

　日本や諸外国の国旗・国歌の意義を理解し、これを尊重する教育は重要であるとしても、一般国民の間でさえ議論が対立している国旗・国歌問

公立小・中・高等学校における1998年度以降の卒業式・入学式における国旗掲揚及び国歌斉唱の実施状況

年　度	国旗（％） 小	中	高	国歌（％） 小	中	高
98年度卒業式	99.0	98.6	98.8	90.5	87.1	83.5
99年度入学式	99.0	98.6	99.0	89.2	87.2	85.2
99年度卒業式	99.7	99.3	99.7	95.4	93.6	96.2
00年度入学式	99.6	99.4	99.8	94.7	94.0	98.1
00年度卒業式	99.9	99.9	100.0	98.8	98.2	99.5
01年度入学式	99.9	99.9	100.0	98.7	98.4	99.6
01年度卒業式	99.9	99.9	100.0	99.3	99.2	99.8
02年度入学式	99.9	99.9	100.0	99.9	99.9	100.0
02年度卒業式	100.0	100.0	100.0	99.8	99.8	99.8
03年度入学式	100.0	99.9	100.0	99.8	99.8	99.9

（文部科学省の統計を基に作成）

題を教育の場に画一的に持ち込もうとする政府文部科学省の姿勢は、疑問視されるところである。(中谷　彪)

　　参考文献　中谷　彪『風土と教育文化』北樹出版、1994年。
　　　　　　同『教育風土学』晃陽書房、2005年。

⑱　子どもの権利条約

　国連・子どもの権利条約(Convention on the Rights of the Child. 日本政府は「児童の権利に関する条約」と翻訳している。)は、1989年11月20日、国際連合第44会期総会において全会一致で採択され、90年9月2日国際条約として発効した子ども(18歳未満、1条)に関する総合的な権利保障の国際条約である。日本においては94年4月22日、158番目の国(ちなみに国連加盟国数は、2000年9月26日現在、189)として批准し、その1月後の5月22日に発効した。この条約は、国連・子どもの権利宣言(1959年)の20周年を記念して国連が定めた国際子ども年(1979年)を迎えるに当たって、その前年(1978年)にポーランドが「宣言」を法的な拘束力を有する「条約」にしようと提唱し、10年以上にわたる慎重な審議の結果成立したものである。したがって、この「条約」は「宣言」を基盤に子どもの権利をより豊かに盛り込んだものであって、「人類が20世紀に子どもに贈った最大のプレゼント」ともいうべきものである。

　条約の構成は、前文及び54条(第1部・実体規定41条、第2部・実施措置4条、第3部・最終規定9条)からなる。保護の対象としての子どもという「従来の子ども観」から脱却し、子どもを権利行使の主体として位置付け、積極的に「子どもの最善の利益」(3条)を保障していこうという「新しい子ども観」がこの条約の基本理念をなしている。日本政府及び日本の子ども問題に関心を寄せる団体(NGO)から提出された報告書について審査した国連・子どもの権利委員会は、1998年6月5日また2004年1月30日、日本政府に対し、極端に競争的になっている教育制度の改善、差別やいじめをなくすための一層の改善などを求める勧告を行った。(浪本勝年)

⑲ 指導助言

第二次世界大戦後の改革で教育は国の事務から地方の事務となった。中央(文部省、現文部科学省)の権限は縮小された。文部省は指揮監督官庁から、法律の条文の上では指導助言機関になった。

すなわち、1948年の教育委員会法55条2項で、文部大臣は都道府県委員会、地方委員会に対して、「行政上及び運営上指揮監督してはならない」と定められ、教育委員会法に代わって1956年に制定された「地方教育行政の組織及び運営に関する法律」においても48条1項で「文部大臣は都道府県又は市町村に対し、都道府県委員会は市町村に対し、……必要な指導、助言又は援助を行うものとする」と規定された。

近年になって、中央教育審議会答申「今後の地方教育行政の在り方について」(1998年)で地方分権の推進の提言がされたこともあり、1999年に上記の地方教育行政の組織及び運営に関する法律の条文の「行うものとする」は「行うことができる」と改められた。

中央からの「指導助言」は地方教育委員会にとって事実上の「命令」と受け取られることが多く、上命下服関係となっている、教育委員会制度・地方自治制度の形骸化を招いているということが、これまで繰り返し指摘されてきたところである。

1999年「文部科学省設置法」においても、文部科学省の所掌事務として、「地方教育行政に関する制度の企画及び立案並びに地方教育行政の組織及び一般的運営に関する指導、助言及び勧告に関すること」が挙げられている(同法4条三)。近年の地方分権改革による法改正をうけて、教育委員会・地方自治制度が実質的にその理念の通りに運用されるかどうかが、今後の問題である。

(大津尚志)

参考文献　荻原克男「地教行法における指導行政機能の改編」『教育経営研究』第6号、2000年、14頁。

⑳　習熟度別学級編成

　個々の学習者の理解の程度や定着度、また技能の習得状況に応じて、個に応じた指導をめざすために学級を編成する方法をいう。今日の学校教育における学級編成は、同年齢の子どもで構成される場合が一般的である。世界的に見ても、特定の地域や教科を除いてその状況は同様である。日本の小・中学校の場合、学校教育法施行規則（19・55条）に基づいた学年学級制の学級編成が採用され、通常の学校教育では、実質的に一人ひとりの子どもの能力や特質を十分に考慮して学級編成を行うことは難しいといえる。従来は、習熟度別学級編成が子どもの心に差別感や劣等感を生み、社会の偏見や差別を助長するなどの理由で、広く普及・定着することはなかった。しかし、近年の子どもをめぐる問題が噴出する状況の中で、個々の子どもに対応したきめ細かい教育が求められ、学校教育の中で一人ひとりに基礎・基本を中心とした学力の定着を図る方法として、一部の学校などで既に実施されてきた習熟度別学級編成が新たに見直されている。現在では地域や学校の実態に応じた習熟度別学級編成の実施が奨励され、時代や社会の変化とともに人々の意識も変化して受け入れの環境が整ってきている。教育効果をあげるには、習熟度による学級編成だけでなく、学級を長期間固定せずその都度到達度を確認して再編成する、補習などで学習時間を補う、子どもの適性（学級）に応じた指導法をとりいれるなどの、指導方法の工夫が重要である。（冨田福代）

㉑　障害児教育

　心身に障害のある子どもが、通常の学校教育を受けるだけでは十分な教育効果を得ることが難しい場合に、その障害の状況や程度に応じて特別に受ける教育を総称的にいう。盲学校及聾啞学校令（1923年公布）以来、盲学校・聾啞学校が普及し、戦後の学校教育法（1947年）により盲・聾・養護学校が義務教育に位置づけられることとなった。2006年現在、全国1,002校の盲・聾・養護学校で102,000人が学んでいる。学校教育法75条による学級（特殊学級）は、2006年現在、全国の小中学校に34,015学級設置されている。

遅れて整備された養護学校は、知的障害、肢体不自由、病弱の3種類がある。その他にも、障害の程度に応じて家庭や施設などに教師が訪問して指導する訪問教育や、通常の学級に在籍しながら通級して指導を受ける制度がある。障害児教育では、個々に必要な教育内容が異なるため、個に応じたきめこまかな教育が求められ、教育内容や条件の充実が質と量の両面で確保される必要がある。公立義務教育諸学校の学級編制及び教職員定数の標準に関する法律（1958年）、公立高等学校の適性配置及び教職員定数の標準等に関する法律（1961年）で規定された小中学校の学級編制の標準は、現在のところ特殊学級8人、特殊教育諸学校6人である。質の面では、指導法の開発や教員養成及び現職教育の充実の問題などがあげられる。ユネスコ「サラマンカ宣言」（1994年）による、統合教育を一歩進めたインクルージョンの教育の実現が課題である。（冨田福代）

㉒　情報教育

　コンピュータの機械そのものについての知識・理解だけでなく、その利用を含めた情報全般についての学習は今日、必要不可欠である。コンピュータは医療・文化・芸術・スポーツ・産業・交通・教育だけでなく現在日常生活あらゆる分野で利用されており、生活と切り離すことができない。携帯電話・カーナビなどを例にとっても、その日常生活への浸透ぶりの早さは目を見張るものがある。

　コンピュータの利用に際しては、「資料の整理・活用」についての学習、また「データ漏洩回避」や「プライバシー保護」についての学習も必至である。

　現在、中学校では「技術・家庭科の情報基礎」の授業を通してコンピュータの学習をしている。コンピュータの仕組みや基本的なプログラミングの練習をしたり、「お絵かき・ワープロ・表計算」のソフトを体験している。パズル感覚で漢字の学習に使ったり、百科事典代わりや英和・和英辞書代わりの利用を超えて、「画像や映像の処理ソフト・プレゼンテーションソフト・データベースソフトの利用」へと学習は広がっている。

　インターネットでは、情報の検索が容易になっているが、その情報が正しい

か否かの判断が難しい。また、ウィルス被害、フィッシング詐欺、サイバーテロなど不安な面もある。情報に振り回されてはならない。一人ひとりが正しい判断ができることが重要である。（和田　茂）

㉓　職員会議

　各学校が、教育経営体としてその機能を十全に果たすために必要不可欠とする全校的かつ運営の中心的な会議をさす。大学の「教授会」は法律上の必置機関であるが（学校教育法59条）、これまで初等中等学校の場合には法的規定がなかった。しかし、2000年1月21日、学校教育法施行規則等の一部改正により、小・中・高校においても職員会議が法制化されるに至った。

　歴史的には明治の中期ごろから、教員会・教員会議等の呼称で全国的に普及した。戦前は主に校長の意思伝達の機関として機能していたが、戦後になって、学校運営の民主化が模索され実践された。しかし、1956年地方教育行政の組織及び運営に関する法律の制定を機に、職員会議を諮問機関とする考え方が強調され始めた。

　職員会議の法的性格については、大別して、校長の諮問機関・補助機関とする説と、学校運営上の議決機関・意思決定機関とする説が出されている。前者は、主に行政がとっている解釈であり、学校運営の究極（最高）の責任は校長にあるとする。後者は、職員会議を議決ないし意思決定機関とするものであるが、審議事項の内容に即して法的性格を捉える「教育的決定機関説」が有力である（兼子仁『教育法〔新版〕』有斐閣、1978年）。今回の法改正は、前者の立場に立ち、校長を中心とする学校管理体制の強化を図ろうとするものといってよい。教育自治の見地から、校長の民主的リーダーシップとともに、教職員の集団的合意形成、子ども・父母住民の学校運営への参加が求められる。（伊藤良高）

　　参考文献　中谷　彪『新・学校経営の本質と構造』泰流社、1989年。
　　　　　　　中谷彪・浪本勝年編著『現代の学校経営を考える』北樹出版、2002年。

㉔　スクールカウンセラー

　スクールカウンセラーとは、文部省が1995年度から始めた「スクールカウンセラー活用調査研究委託事業（通称スクールカウンセラー事業）」において配置される臨床心理士等のことをいう。選考は都道府県教育委員会が行い、条件は財団法人日本臨床心理士資格認定協会に関わる臨床心理士等、児童生徒の臨床心理に関して高度に専門的な知識・経験を有するものである。職務内容は、①児童生徒へのカウンセリング、②カウンセリング等に関する教職員および保護者に対する助言・援助、③児童生徒のカウンセリング等に関する情報収集・提供、④その他児童生徒のカウンセリング等に関し、各学校において適当と認められるものである。勤務条件は、原則として年35週、週2回、1回あたり4時間である。配置校数は1995年（154校）、1996年（553校）、1997年（1,065校）、1998年（1,661校）、1999年（2,015校）、2000年（2,250校）と5年間で10倍以上増加している。

　文部科学省の評価は「おおむね好評」であり、さらに拡充が必要と考え、2001年度からは「スクールカウンセラー活用事業」として、2005年度までに、1校3学級以上の全中学校に配置する計画を立てているが、学校内での位置づけや教師・保護者・医療機関との連携等が今後の課題となっている。

（野口祐子）

㉕　総合的な学習の時間

　「総合的な学習の時間」は、第15期中央教育審議会の第一次答申（1996年7月19日）において、「生きる力」の育成、国際理解教育、情報教育及び環境教育の観点から、「横断的・総合的な指導を推進していく必要性」があるとして提言された。これを受けた教育課程審議会の答申（1998年7月29日）をもとに、学校教育法施行規則において「総合的な学習の時間」が教科・道徳・特別活動と並んで、小学校、中学校、高等学校、中等教育学校、盲学校、聾学校及び養護学校で創設された。年間授業時数は、たとえば、小学校では第3・4学年で105時間（1単位時間45分）、第5・6学年で110時間（同）、中学校では第1学年が70～100時間（1単位時間50分）、第2学年が70～105時間（同）、第3学年が70～130

時間（同）となっている。中学校学習指導要領の総則によれば、この時間のねらいは、次の2点にある。

「(1)自ら課題を見付け、自ら学び、自ら考え、主体的に判断し、よりよく問題を解決する資質や能力を育てること。

(2)学び方やものの考え方を身に付け、問題の解決や探究活動に主体的、創造的に取り組む態度を育て、自己の生き方を考えることができるようにすること」。

そして、学習活動の例として、「例えば国際理解、情報、環境、福祉・健康などの横断的・総合的な課題、生徒の興味・関心に基づく課題、地域や学校の特色に応じた課題など」をあげている。

2003年度入学生から学年進行により実施される高等学校を除き、2002年度から完全実施されている。具体的な実践については、各学校の置かれた地理的・社会的状況によって異なるために、研究開発校等の先行する実践例に安易にたよることなく、地域社会との連携を含めて各学校の工夫が求められる。

(柿内真紀)

㉖　中央教育審議会

文部科学大臣の諮問に応じて、教育の振興及び生涯学習の推進、スポーツの振興などに関する重要事項を調査審議し、文部科学大臣に意見を述べる機関（文部科学省組織令）。全国レベルの教育政策の決定権限を有する文部科学大臣（文科省）に対する政策助言機関であり、日本の教育政策の動向に対する影響力は大きい。2001年中央省庁改革の一環として、旧文部省に設置されていた中央教育審議会を母体とし、教育課程審議会、教育職員養成審議会、大学審議会などの審議会を整理統合して新たに設置された。委員は「学職経験のある者」から文相が任命、30人以内で組織され任期は2年。分科会として教育制度分科会、生涯学習分科会、初等中等教育分科会など5つが置かれている（中央教育審議会令）。戦後改革の流れを受けて設置された中央教育審議会（52年設置）は、現在に至るまで多くの「答申」を出し、その都度の教育政策に影響を与えてきた。

近年では、教育に「ゆとり」を確保し「生きる力」をはぐくむことをキーワードとする学習指導要領（1998, 1999年公示）の基調となった「21世紀を展望した我が国の教育の在り方について」などがある。2001年度文相は中教審に対し歴史上はじめて「教育基本法の見直し」を諮問し、中教審は「教育基本法を改正することが必要」との答申を提出した（2003年3月）。そこでは「新たに規定する理念」として「日本の伝統・文化の尊重、郷土や国を愛する心」など挙げられ、与党でもこれを受けた改正案の具体化の作業が進められている。憲法「改正」の気運とあわせて、教育における新たな国家主義台頭が懸念されるところである。(深見　匡)

㉗　中高一貫教育

　中高一貫教育は、1997年6月の第16期中央教育審議会（中教審）の答申で、その選択的導入が提言された。これをうけて1998年6月に、学校教育法の改正が行われ、中高一貫教育を行う中等教育学校が、同法1条（学校の範囲）の中に位置付けられることになった。

　中等教育学校は、「小学校における教育の基礎の上に、心身の発達に応じて、中等普通教育並びに高等普通教育及び専門教育を一貫して施すことを目的とする」（学校教育法51条の2）もので、修業年限は6年で、それぞれ3年の前期課程と後期課程に区分される。

　その目標は、①国家及び社会の有意な形成者として必要な資質を養うこと、②社会において果たさなければならない使命の自覚に基づき、個性に応じて将来の進路を決定させ、一般的な教養を高め、専門的な技能に習熟させること、③社会について、広く深い理解と健全な批判力を養い、個性の確立に努めることである（学校教育法51条の3）。

　中高一貫教育の導入は、中等教育の多様化、学校制度の複線化を進める意義を持っていると言えよう。同答申は、中高一貫教育のメリットとして、①6年間にわたる計画的、継続的な教育・指導によって、効率的、一貫的な教育を行うことができる、②中学校教育と高校教育の接続を円滑にし、落ち着いた、安

定的な学校生活を過ごすことができる、③生徒の個性を伸長させ優れた才能の発見ができる、異年齢集団による活動ができ、社会性や豊かな人間性が育成できるを上げ、デメリットとして、①変化をもたせにくく、中だるみが生じやすい、②進路選択の決定の時期が早まるおそれがある、と指摘している。

中高一貫校の教育内容の特色として、体験重視型、地域学習型、国際化対応型、じっくり学習型などが提示されているが、中高一貫教育の実績を有している有名私立学校が受験エリート校化している実態を考えるとき、その導入については賛否両論がある。今後の導入に当たっては、中等教育制度をどう構想するのか、設置形態や設置主体をどうするかなど、克服されるべき課題も多く残されている。2005年度現在で173（国立3、公立120、私立50）校設置されている。

(中谷　彪)

参考文献　中谷　彪『現代学校教育論』渓水社、1997年。

㉘　「つくる会」教科書

新しい世紀、21世紀を迎えたばかりの2001年、再び文部科学省による検定済の教科書をめぐる問題が、国内のみならず、近隣諸国、とりわけ韓国及び中国からきびしい批判を浴びた。問題の中心にあったのが、現在の教科書を「自虐的」などと批判する「新しい歴史教科書をつくる会」（西尾幹二会長＝当時、以下、「つくる会」という。）が主導して編集された中学校用『新しい歴史教科書』（扶桑社）である（これを一般に「つくる会」教科書と呼んでいる）。

この教科書は、①「歴史」教科書であるにもかかわらず、「神武天皇がすすんだとされるルート」との説明文のもとに点線で「東征」のルートを示すなど、神話と史実を混同しかねないものである、②教育基本法及び衆参両院の排除・失効確認決議により否定されている教育勅語について、「近代日本人の人格の背骨をなすものとなった」と美化するばかりかその「全文」を掲載している、③アジア・太平洋戦争について、「戦争の当初、日本軍が連合国軍を打ち破ったことは、長い間、欧米の植民地支配のもとにいたアジアの人々を勇気づけた」「日本軍の南方進出は、アジア諸国が独立を早める一つのきっかけとなった」

などと記述し、日本の侵略戦争を肯定し、植民地支配を合理化しようとしている等々、戦前の国定教科書を彷彿しかねない、驚くべき内容の「教科書」となっている。

急速に国際化の進展している地球時代を迎え、とくに国際平和・国際理解についての正しい認識が求められる中学生に、このような教科書を手渡すことはできない。近隣諸国が抗議の声をあげるのも当然のことである。

しかし、東京都と愛媛県の教育委員会は、2001年、養護学校用などとしてこの教科書を採択した（2001年の採択部数は、私立中学校6校を入れて521冊、採択占有率は0.039％であった）。愛媛県教育委員会は、この教科書採択を「県政最大の課題」と位置づける加戸守行知事の介入のもと2002年、再び県立中等教育学校3校（2003年開校）に採択して大きな政治問題ともなっている。

なお、2005年8月の採択における占有率は、約0.4％（約5,000冊、「つくる会」自身は目標を10％としていた）であった。（浪本勝年）

㉙ 道徳教育・『心のノート』

文部科学省初等中等教育局によると、『心のノート』は「児童生徒が身につける道徳の内容をわかりやすく表したもの」で、道徳教育の一層の充実を図るために作成された。学習指導要領において、道徳教育は「学校の教育活動全体を通じて行うもの」であり、学校の全教育活動が道徳教育であるという観点に立って指導の徹底を図らなければならないとされ、その活用が求められている。『心のノート』は、「小学校1・2年」「小学校3・4年」「小学校5・6年」「中学校」用の4種類で、2002年4月、全国の児童生徒に配布された。作成にはおよそ11億円（2001年度：約7億3000万円、2002年度：約3億8000万円）の国費が使われている。

現行法では、授業で使用できるのは検定を受けた教科書と各学校で採択した補助教材（副読本やドリルなど）である。『心のノート』は、「教科書や道徳の副読本に代わるものではなく、日常生活や全教育活動を通じた道徳教育の充実を図るために用いる教材」（文部科学省）である。この文部科学省発行（奥付に著者

名はない）の教材が子どもたちに無償で配布され、上意下達式に使用を強制されていることは、戦前の国定教科書と同じである。このノートは書き込みながら学ばせるのが特徴であるが、心理主義の思想と技法が使われていたり、「自分探し」から愛国心へと誘導していく思考パターンがみられるなど、「修身」教科書の現代版である。（小林靖子）

㉚　発展的学習

　「ゆとり教育」を掲げた新学習指導要領（小・中学版は98年、高校版は99年公示）では、学習内容や授業時数の削減、総合的学習の導入など、大幅な改革が図られた。これに対し1999年に生徒の基礎学力の低下を憂慮する「学力低下論争」がおこり、新指導要領への批判的な反応が各メディアを賑わし論議を呼んだ。このような動きに対し、文部科学省は、2002年1月17日、アピール「学びのすすめ」を発表。教科書の範囲を超えた内容を扱うことができる「発展的学習」を認める方向で対応を示した。それは、指導要領に示された内容をすでに身に付けている生徒に対し、児童生徒の関心に応じて、より深めたりさらに進んだ内容について学習指導することを表している。その後、2003年12月の指導要領一部改正において明確に示された（小学校学習指導要領第1章第2の2等）。

　文部科学省は、2002年8月29日には、2003年度からの教科書検定基準を改正し、小・中学校の教科書に関しては全体の1割、高校では約2割を限度に、指導要領の記載範囲を超えた「発展的記述」を認めた（小学・高校は03年度、中学は04年度検定から適用）。また、教師用に「発展的学習」の参考としての指導事例集を公表したが、新指導要領で削減された内容を事例としてとりあげ直しただけではなく、旧指導要領にもなかった内容まで扱っている項目もみられた。こうした動きは、文科省の「学習指導要領は最低基準である」（2001年1月5日読売新聞報道）とする指導要領観をあらためて示したこととなった。

　2004年度からの高校用教科書、2005年度からの小学校用教科書にひきつづき、2005年4月発表の教科書検定の結果では、2006年度中学校用教科書にも発展的記述が掲載され、これにより小・中・高校すべてにおいて発展的学習が教科書

レベルでも認められた。その内容については、理数系教科への偏りや、実際には削減されたままの授業時数との兼ね合いなど問題は山積しており、現場では混乱や困惑も否めない状況にある。(矢野博之)

㉛ 不登校

不登校とは、「何らかの心理的、情緒的、身体的、あるいは社会的要因・背景により、児童生徒が登校しないあるいはしたくともできない状況にあること(ただし、病気や経済的な理由によるものを除く)」と、定義される。文部科学省の調査によれば、2004年度に年間30日以上休んだ不登校の児童生徒は、小学生で2万3318人(全生徒に占める割合は0.32%)、中学生で10万40人(同2.73%)となっている。全生徒数に占める割合でみると、2001年度をピークとして、漸減傾向にある。この調査によれば、不登校となったきっかけは「友人関係をめぐる問題(いじめ、けんか等)」「その他本人にかかわる問題(直接のきっかけとなる事柄が見あたらない)」が多く、不登校が継続する理由としては「不安など情緒的混乱(登校の意志はあるが、身体の不調や情緒不安で登校できない)」「無気力(何となく登校しない)」が上位を占める。

不登校の子どもを支援する機関としては、民間団体によるフリー・スクールや、地方教育委員会が設置する「教育支援センター(適応指導教室)」が、その代表的なものである。これらの機関に通えば指導要録上は出席扱いとなる場合もあり、2001年度は不登校の児童生徒のうち13.7%が「出席扱い」となった。不登校が本人のみの責任で、特殊なことであるという認識は次第に薄れている。今後も様々な形でサポートしていくことが求められているといえよう。

(冨江英俊)

㉜ ユネスコ

ユネスコ(UNESCO : United Nations Educational, Scientific and Cultural Organization)とは、正式には国際連合教育科学文化機関という。「世界の諸人民の教育、科学及び文化上の関係を通じて……国際平和と人類の共通の福祉とい

う目的を促進するため」（ユネスコ憲章より）創設された国際連合の専門機関である。1945年、「戦争は人の心の中で生まれるものであるから、人の心の中に平和のとりでを築かなければならない」（同前）と、第二次世界大戦への強い反省の中から生まれた。本部はパリ。日本は1951年7月2日、60番目の加盟国となった。2005年10月現在、加盟国は191（準加盟国6）である。

「平和」とは単に暴力や戦争がないという状態ではない。基本的人権や自由、さらにはより豊かで人間らしく生きることが保障された社会の実現であろう。その実現のために、教育の果たす役割は大きい。ユネスコ憲章は次のように述べている。

「文化の広い普及と正義・自由・平和のための人類の教育とは、人間の尊厳に欠くことのできないものであり、かつ、すべての国民が相互の援助及び相互の関心の精神を持って果たさなければならない神聖な義務である。」

ユネスコは、全ての人に教育の充分で平等な機会が与えられることをめざして活動を続けている。しかし、創設50年を過ぎた現在も世界に読み書きのできない非識字者は約9億人いると推定されている。

ユネスコは、「教員の地位に関する勧告」（Recommendation concerning the Status of Teachers, 1966年）や、「高等教育教員の地位に関する勧告」（Recommendation concerning the Status of Higher-Education Teaching Personnel, 1997年）など、教育に関する勧告も多く出している。また、第4回ユネスコ国際成人教育会議（1985年）においては、「学習権宣言」（The Right to Learn）を採択した。

日本では、「ユネスコ活動に関する法律」（1952年、法律第207号）に基づいて、文部科学省内に特別の機関として日本ユネスコ国内委員会が設置されている。

(小林靖子)

㉝　幼保一元化

対象幼児の年齢が重なる幼稚園と保育所が体制的に二元化されている現状を改めて一元化しようとすること。内容的には、3歳前後で保育所と幼稚園の役割分担を図るなど対象年齢を区分するものや、長時間保育を原則とするものな

ど様々な議論がある。

　法律上は、幼稚園は学校教育法第1条に定める学校、保育所は児童福祉法第7条に定める児童福祉施設である。したがって、行政上の管轄はそれぞれ文部科学省と厚生労働省と異なり、設置条件等も別々で、それぞれの保育者も名称が幼稚園教諭と保育士に区別される。

　かつては、幼稚園は幼児教育、保育所は保護のための施設と考える向きもあったが、そのような差別的なあり方や組織の効率性の観点から批判が出され、幼保一元化が唱えられることとなった。なお、乳幼児には保護と教育が不可分一体であることから、両者の統合概念である「保育」の言葉を用いて「保育一元化」ともいわれる。

　すでに市町村や個々の学校法人・社会福祉法人レベルでは、幼稚園と保育所が事実上一体的に運営される実践例が各地にある。従来からの併設や施設の一部共用に加え、2006年度には「就学前の教育・保育を一体として捉えた一貫した総合施設」が、2005年度のモデル事業の結果を踏まえ本格実施される。

（塩野谷　斉）

　参考文献　吉田正幸『保育所と幼稚園〜統合の試みを探る』フレーベル館、2002年。
　　　　　小宮山潔子『幼稚園・保育所・保育総合施設はこれからどうなるのか』チャイルド本社、2005年。

索　引

あ　行

新しい歴史教科書をつくる会 ……………107
安全基準………………………………88
家永教科書裁判……………………51,52,93
家永三郎………………………………51
生きる力……………………………85,87
意見表明権……………………………33
意思決定・社会的行動アプローチ………84
いじめ ……………………17,19,29,41-45
一種免許状……………………………97
一斉指導………………………………24
遺伝決定論……………………………13
異文化教育………………………78,83,84
インクルージョン……………………102
インターネット……………………76,102
インテグレーション → 統合教育
ウィネトカ・プラン…………………24
ウォッシュバーン……………………24
ALT……………………………………80
STARプロジェクト……………………26
エミール………………………………10
エラスムス……………………………10
LD………………………………………85
おちこぼれ……………………………29
オープン・スクール…………………24

か　行

海外在留子女…………………………86
外国人子女教育研究協力校……………82
外国人留学生…………………………81
介護体験………………………………95
改正小学校令…………………………37
画一主義的教育………………………46
学習権…………………………………54
学習権宣言……………………………111
学習時間債権………………………75,76
学習指導要領………………………20,80
学習社会…………………………72,74,75

学習集団………………………………23
学習障害………………………………85
学制…………………………………17,66
学テ裁判………………………………93
学年学級制……………………………23
学力低下論争…………………………109
課題選択学習…………………………25
学級王国………………………………27
学級規模…………………………23,25,26
学級担任制……………………………27
学級編制基準………………………26,27
学級編制等ニ関スル規則………………24
学級崩壊…………………………17,27,87
学校栄養職員…………………………54
学校管理規則……………………19,21,62,64
学校管理者賠償責任保険………………88
学校教育法………………17,18,24,36,57,68,103,111
学校教育法施行規則………………103,104
学校事故…………………………………88,93
学校自治立法…………………………31
学校週5日制…………………………89
学校重層構造論………………………21
学校施設基準…………………………88
学校設置基準…………………………27
学校選択制……………………………89
学校統廃合……………………………93
学校法人………………………………111
学力至上主義…………………………46
活動決定論……………………………13
家庭科の男女共修……………………90
家庭教育………………………………72
家庭内暴力……………………………44
環境教育……………………………90,101
環境決定論……………………………13
観衆層…………………………………43
管理教育………………………………30
帰国子女…………………………81,86
寄宿舎指導員…………………………54
君が代………………………………18,98

113

義務教育諸学校の教科用図書の
　無償措置に関する法律 50
教育委員 60-64,90
　——の公選制 60-62,69,92
教育委員会 50,60-65,68,91,92,97,108
教育委員会規則 62
教育委員会制度 60-65
教育委員会法 60,61,68,100
教育委員準公選 19,62,92
教育改革関連6法案 93
教育改革国民会議 70,92,109
教育改革国民会議報告
　—教育を変える17の提案 93
教育課程審議会 79,89,105
教育課程審議会答申 85
教育基本法 18,56,57,60,69,96,106-108
教育荒廃現象 29
教育公務員特例法 56,58,59,96
教育裁判 93
教育条件整備 93
教育情報の開示 95
教育職員免許法 97
教育職員養成審議会 20,105
教育制度の改革に関する答申 61
教育長 61,63,64,69
教育的決定機関説 103
教育的懲戒 32
教育に関する国民の権利 93
教育に関する勅語（教育勅語） 18,38,67
「教育の自由化」論 89
教育評価 95
教育令 37
教育を受ける権利 54
教員会 103
教育会議 103
教員の地位に関する勧告 111
教員免許制度 97
教科指導 23
教科書 18,48-53,107,109
教科書検定 67-69
教科書検定訴訟 → 家永教科書裁判
教科書国定制度 49,50,67
教科書信仰 53
教科書採択 50,52,108

教科書調査官 69
教科書の発行に関する臨時措置法 48,50
教科書無償措置法 50
教科担任制 27,87
教科用図書 → 教科書
教科用図書検定規則 50
教科用図書検定調査審議会 69
岐陽高校事件 30
教職員 54-56
教職員定数 25-27,55
教職経験者研修 96
行政機関が保有する
　情報の公開に関する法律 93
行政研修 96
教頭 54
勤評裁判 62,93
勤務評定 19,61,69,92
区民推薦制度 63,92
区民投票制度 →
　中野区教育委員候補者選定に関する区民投票条例
グローバル化 → 国際化
軍隊式教育 38
原級留置 24,93
研修 58,59,96
検定制 49
憲法 → 日本国憲法
広域統一採択方式 50
公害教育 91
交換授業制度 87
貢献アプローチ 83
厚生労働省 112
公選制 → 教育委員会の公選制
校則 19,29-32,34
校則裁判 29,32
校長 20-22,32,33,36,37,54,100
　——のリーダーシップ 21,101
高等教育教員の地位に関する勧告 111
校内暴力 17,33,39
幸福追求権 33
校務分掌 26,57,62
公立義務教育諸学校の学級編制及び
　教職員定数の標準に関する法律 25,55,102
公立高等学校の適正配置及び
　教職員定数の標準等に関する法律 102

国際化	78,81
国際子ども年	99
国際連合	110
国際連合教育科学文化機関	110
国体の本義	67
国定教科書	108
国定制度 → 教科書国定制度	
国連人間環境会議の勧告	91
こころのノート	108
個人情報保護条例	94
個人情報保護制度	94
個性	14,30,47
国歌 → 君が代	
国家公務員法	57
国旗 → 日の丸	
国旗及び国歌に関する法律	98
子どもの権利条約	21,30,31,40,99
子どもの権利宣言	99
個別指導	23
コメニウス	48
コモン・エッセンシャル	24
コンドルセ	13

さ 行

在学契約説	31
サラマンカ宣言	102
JETプログラム	80
JLT	80
シカト（無視）	43
自己決定権	33
自主研修	96
市場原理の導入	89
市町村教育委員会	50,63,64
指導助言	100
実習助手	54
指導主事	63
児童懲戒権の限界について	38
児童の権利に関する条約 → 子どもの権利条約	
児童福祉施設	111
児童福祉法	111
指導要録	94
師範学校令	38,67
社会教育	72
社会体験研修	97

社会福祉法人	111
習熟度別学習	25
習熟度別学級編成	101
修身	108
自由発行制	48,49
シュテルン	13
生涯学習	74,75
生涯学習社会	72,76
生涯学習審議会	20,70,76,105
生涯学習の振興のための施策の推進体制等の整備に関する法律	75
生涯教育	72,74,75
障害児教育	101
小学校学習指導要領	20,96
小学校教員心得	38
小学校祝日大祭日儀式規程	18
小学校令	37,67
少年法	88
情報	103
――の公開に関する法律	94
情報教育	102
情報公開条例	94
情報公開制度	94
情報公開法 → 行政機関が保有する情報の公開に関する法律	
助教法 → モニトリアル・システム	
助教諭	54
職員会議	17,20-22,62,103
女子差別撤廃条約	90
知る権利	93
初任者研修	96
新自由主義思想	89
心的外傷後ストレス障害（PTSD）	88
スクールカウンセラー	103
スクールカウンセラー活用事業	104
すしづめ学級	23
生活集団	23
生徒憲章	34
生徒心得	31
生徒に対する体罰禁止に関する教師の心得	38
生理的早産	12
政令改正諮問委員会	61
世界人権宣言	78,79

索 引 115

『世界図絵』……………………48,53
絶対評価………………………………95
戦後教育行政改革の3原則………61
専修免許状……………………………97
全障害児教育法……………………86
総合的な学習の時間 ………79,80,85,95,104
相対評価………………………………95
措置要求権………………………61,64,69

た 行

第一次アメリカ教育使節団………21
大学院設置基準……………………59
大学審議会……………………20,105
大学設置・学校法人審議会………70
体験学習………………………80,82
第二次アメリカ教育使節団報告書…61
体罰…………………29,30,36,39,40,88,93
高嶋教科書訴訟……………………52
ダルトン・プラン…………………24
男女共修……………………………89
地方教育行政の組織及び運営に
　関する法律………19,58,61-64,69,100,103
地方教育行政の組織
　及び運営に関する法律案………91
地方公務員法……………………56-58
地方分権…………19,60,64,68,69,90,98
注意欠陥／多動性障害（ADHD）………86
中央教育審議会 ……20,30,69,70,75,85,104-106
中央教育審議会答申「今後の
　地方教育行政の在り方について」………100
中学校学習指導要領………………20,101
中学校令……………………………67
忠君愛国…………………………18,38
中高一貫教育………………………106
中等教育学校…………………17,106
懲戒……………………………37-40
懲戒処分…………………………31-33,57
調査書 → 内申書
通学区域の弾力化…………………89
通級…………………………………101
通級学級に関する調査研究協力者会議……86
帝国大学令…………………………67
ティーム・ティーチング………25,87
適応指導教室………………………110

寺子屋………………………………17
登校拒否 → 不登校
特殊学級………………………28,101
特別権力関係説……………………31
「特別非常勤講師」制度……………97
特別免許状…………………………97
都道府県教育委員会………………30
飛び級………………………………24

な 行

内申書……………………………29,94
中野区教育委員候補者選定に
　関する区民投票条例 ……………62,92
21世紀教育国際委員会……………75
21世紀教育新生プラン…………70,93
二種免許状…………………………97
日本学校安全法……………………88
日本教職員組合（日教組）………69
日本国憲法………………18,56,60,96
能力別学級編成……………………24

は 行

バイク三ない原則…………………22
パーカースト………………………24
発展的学習………………………109
原ひろ子………………………12,14
バンクス……………………………82
藩校……………………………17,24
非行…………………………………29
日の丸………………………………98
表現・情報の自由…………………33
風紀委員……………………………30
付加アプローチ……………………83
副教材………………………………52
複式学級……………………………23
複数担任制…………………………88
幅輳説………………………………13
附合契約説…………………………31
普通免許状…………………………97
不登校………………………17,29,44,110
フリースクール……………………110
文化庁………………………………70
ベル…………………………………23
変換アプローチ……………………83

保育 …………………………………111
保育一元化 …………………………112
保育士 ………………………………111
保育所 ………………………………111
傍観者層 ………………………………43
法務省人権擁護局……………………30
訪問教育 ……………………………101
フォール報告…………………………74
ポルトマン……………………………11

ま 行

学びのすすめ ………………………109
民衆統制………………………………65
民間人校長……………………………97
滅私奉公………………………………18
盲学校及聾唖学校令 ………………101
モニトリアル・システム……………23
森 有礼………………………………66
モンテッソーリ教育法………………78
文部卿…………………………………66
文部科学省 ……………………66,70,112
文部科学省設置法 ……………66-68,100
文部科学大臣 ………………………66,70
文部省 …………17,30,66,75,81,88,90,97
文部大臣……………………………61,63-69

や 行

ゆとり教育 …………………………109
ユネスコ ……………………72,74,75,78,110
ユネスコ活動に関する法律 ………111
ユネスコ憲章 ………………………111
養護教諭………………………………54
養護助教諭……………………………54
幼稚園 ………………………………111
幼稚園教育要領………………………20
幼稚園教諭 …………………………112
幼保一元化 …………………………111

ら 行

ランカスター…………………………23
ラングラン ……………………72,73,75
臨時教育審議会 ……………75,89,92
臨時免許状……………………………97
臨床心理士 …………………………104

ルソー ……………………………10,11

新 2 版　現代の教育を考える	
1999年 4 月30日	初版第 1 刷発行
2000年 4 月20日	初版第 3 刷発行
2000年11月15日	改訂版第 1 刷発行
2001年10月10日	再改訂版第 1 刷発行
2003年 4 月25日	新版第 1 刷発行
2004年 4 月25日	新版第 2 刷発行
2006年 4 月20日	新 2 版第 1 刷発行
2008年 4 月20日	新 2 版第 3 刷発行

編著者　中 谷　　彪
　　　　浪 本 勝 年

発行者　木 村 哲 也

・定価はカバーに表示　　　印刷 新灯印刷／製本 川島製本

発行所　株式会社　北 樹 出 版
〒153-0061 東京都目黒区中目黒1-2-6　電話（03）3715-1525（代表）

ISBN978-4-7793-0054-7　　（落丁・乱丁はお取り替えします）

伊藤良高 著
子どもの環境と保育 [新版]
少子化社会の育児・子育て論

少子化の進行と共に子どもをとりまく環境づくりと子育て支援のあり方が問われるようになってきている。現代保育に関わる諸問題を実践と環境の両面から考察し社会のはたすべき責任を鋭く問いかける。
A5上製 192頁 2200円 (815-1)　[2001]

住田正樹・高島秀樹 編著
子どもの発達と現代社会
―教育社会学講義―

日常生活の中で経験される身近な教育問題、子どもの社会化過程にかかわる諸問題をとり上げて、多数の資料を挿入しつつ、広い視点から具体的に論及し、平易に解説する。教育社会学を学ぶ人たちの最新の入門テキスト。
A5上製 248頁 2400円 (874-7)　[2002]

中谷 彪・浪本勝年 編著
現代教育用語辞典

変動著しい教育問題に対し、社会と時代のニーズに対応したハンディな体系的教育用語辞典。新進の教育学者・研究者により、新しい教育用語も積極的に取り上げ、重層的な編集で問題項目のすべてを網羅する。
四六並製 272頁 2400円 (883-6)　[2003]

浪本勝年・中谷 彪 編著
教育基本法を考える [三改訂版]
その本質と現代的意義

日本の教育を規定する教育基本法見直しの動きの中で、本書は教育基本法擁護の立場から、平易・簡明にその基礎的理解を促し、現代的意義を現実の問題に引き寄せて考える指針を提供する絶好の案内書。
A5並製 118頁 1300円 (929-8)　[2003]

中谷 彪・浪本勝年 編著
現代の教師を考える [改訂版]

学力低下・学級崩壊等の問題と共に批判の対象にされる教師だが、教師のあるように学校があり、教師がある。日本の教育と未来を考えるために、教師を考え、教育改革へ積極的・具体的な提案を行う筋道を探る。
A5上製 112頁 1300円 (979-4)　[2004]

中谷 彪 著
教育基本法の理念を考える

現代教育の荒廃の最中、改正・見直し論議が盛んである教育基本法の理念と今日的意義とは何かについての認識の必要性を簡明に説く。理念が広く浸透し、その良さが多数の人に理解されることを意図とする。
A5並製 102頁 1300円 (798-8)　[2001]

中谷 彪・浪本勝年 編著
現代の学校経営を考える

学校経営を、教育の目的を達成するために、学校の諸組織と諸施設・設備を管理・運営する事であると定義し、複雑化する現代の教育問題に対し、学校経営の側面からアプローチする好評の考えるシリーズ。
A5並製 120頁 1300円 (878-X)　[2002]

渡辺弥生・丹羽洋子・
篠田晴男・城谷ゆかり 著
学校だからできる生徒指導・教育相談

近年の子ども、学校をめぐる様々な問題に対処すべく、こころのケアを考える。教師の考え、立場を考慮しつつ、いかに子どものこころを知り、発達をふまえた対応をしてゆくかを具体的に分かりやすく説き明かす。
四六製 244頁 2300円 (774-0)　[2000]

伊藤良高 著
現代保育所経営論 [増補版]
保育自治の探究

保育制度改革の渦中、効率（コスト）主義的な経営論が影響を増す危機的状況の中、教育学・保育学サイドからアプローチした保育所経営の必要性と、保育自治の創造を目指す理論的・実践的課題を探る。
A5上製 236頁 2300円 (852-6)　[2002]